HISTOIRE
MILITAIRE
DU DUC
DE LUXEMBOURG
EN FLANDRE.

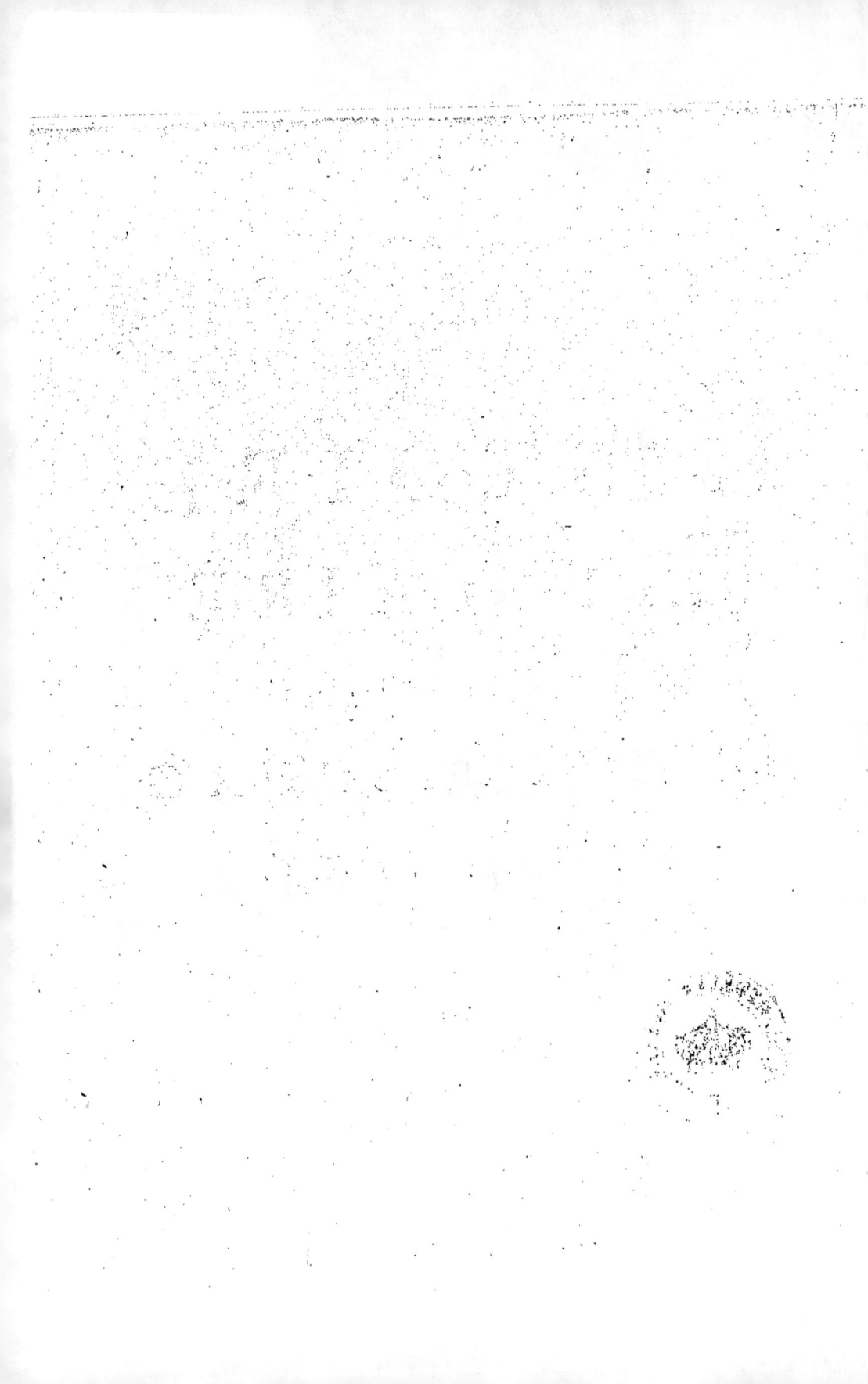

HISTOIRE MILITAIRE
DU DUC
DE LUXEMBOURG,

Contenant

Le détail des Marches, Campemens, Batailles, Sièges & Mouvemens des Armées du Roi & de celles des Alliés

EN FLANDRE,

Ouvrage dédié & présenté à S. M. Louïs XV.

PAR LE CHEVALIER DE BEAURAIN,

Géographe ordinaire du Roi.

Nouvelle Edition plus correcte, & accompagnée des Cartes générales du Pays.

TOME TROISIEME.

Campagne de 1692.

A LA HAYE,

Chez **BENJAMIN GIBERT**, Libraire.

M D. CC. LVIII.

HISTOIRE MILITAIRE

DE

FLANDRE,

EN L'ANNÉE M DC. XCII.

LOUIS XIV. forma pour cette année deux projets, dignes de sa gloire & de sa puissance. L'un fut le rétablissement du Roi Jacques sur le trône d'Angleterre, l'autre, le projet d'une entreprise en Flandre qui pût décider les Alliés à desirer la paix.

Il résolut d'emploier ses forces maritimes & un grand nombre de ses troupes de terre à faire une descente en Angleterre pour seconder le zèle des Sujets de ce Roïaume, qui étoient restés attachés à leur Roi. La conquête de Namur lui parut en même tems la plus capable d'étonner les Hollandois & les Espagnols, & de donner de la terreur aux Princes, dont les Etats sont situés sur la Meuse, & entre cette rivière & le Rhin.

Tome III.   A   Le

Le Roi, qui avoit formé ce projet depuis long-tems, avoit songé aux moiens qui pouvoient en assûrer le succès. Sa Majesté avoit eu soin de faire des augmentations dans ses troupes (*a*). Au mois d'Août de l'année précédente Elle avoit mandé à M. de Malezieux, Intendant de Champagne, d'assembler secretement & peu à peu aux environs de la Meuse douze cens mille rations de fourrage, qu'il devoit tirer, soit de la Champagne & du Luxembourg, soit des Evechés & de la Lorraine. Pendant l'hyver, on ordonna aussi à M. de Bagnoles, Intendant de Flandre, & à M. Chauvelin, Intendant de Picardie, d'en faire acheter & voiturer neuf cens mille rations aux environs de la Sambre.

M. de Vauban avoit été envoié dans le Hainaut pour y faire préparer ce qui pouvoit être nécessaire pour un grand siége. M. de Vigny, commandant l'artillerie en Flandre, avoit reçu au mois de Janvier des ordres de préparer sur la Meuse & sur l'Escaut un équipage très considérable de campagne & de siége. On avoit eu soin de former de gros magasins dans les placès du Hainaut pour la subsistance des troupes. Il y avoit à Givet, Dinant, Philippeville & Maubeuge quarante mille sacs de farine, du poids de 200. livres chacun; il y avoit quarante-cinq mille autres sacs à Mezières, Avesnes, Mons & Landre-

---

(*a*) On augmenta de cinq hommes chaque compagnie d'infanterie, & de trois bataillons on en fit quatre, en les réduisant de dix-sept compagnies à treize. Ils se formerent sur cinq rangs, & quelquefois sur quatre à la fin des campagnes. Il paroit que les Piquiers n'étoient point entremêlés dans chaque compagnie avec les Fusiliers & les Mousquetaires, & qu'au-lieu d'être repartis de cette façon sur tout le front des bataillons, ils étoient placés ensemble au centre. On en détachoit seulement quatre ou six files pour fermer la droite & la gauche de chaque bataillon.

drecies. Outre ces approvisionnemens, la Cour avoit 1692. ordonné à M. Chauvelin de faire rendre sur la Sambre la plus grande quantité de bleds & de farines qu'il seroit possible de trouver.

Les projets, que Louïs XIV avoit formés contre l'Angleterre & les Pays-Bas, devoient éprouver de grandes difficultés. La réduction de l'Irlande mettoit le Prince d'Orange en état de faire passer en Flandre un Corps considérable de troupes. Ce Prince, qui étoit l'ame de la ligue, avoit encouragé les Alliés à faire de nouveaux efforts, & les forces, qu'ils devoient envoier dans les Pays-Bas, paroissoient suffire pour y faire la guerre avec avantage. Il faisoit en même tems de grands préparatifs sur mer, & dont on ignoroit l'objet. On prétendoit dans toutes les Cours de l'Europe, sur-tout à Londres, que ce Prince monteroit sur sa flotte avec vingt mille hommes de débarquement, & on étoit persuadé qu'après avoir été joint par celle de Hollande, il tenteroit une descente sur les côtes de France, à dessein d'y faire une puissante diversion.

Ces grands préparatifs ne changerent rien aux projets qu'avoit formés Louïs XIV. Il résolut de faire agir en Flandre & sous ses ordres la plus grande partie de ses troupes, & de se réduire à une guerre défensive sur toutes ses autres frontières. Il donna la conduite de ses armées aux mêmes Généraux qui les avoient commandées les années précédentes. Celle d'Allemagne fut confiée au Maréchal de Lorge; celle de Piémont à M. de Catinat, & celle de Catalogne au Duc de Noailles.

Le Maréchal de Bellefonds fut chargé de la descente

qu'on

qu'on méditoit de faire en Angleterre, & les troupes, qui étoient deſtinées à cette expédition, devoient s'aſſembler en Normandie.

Le Maréchal de Luxembourg fut nommé pour commander en Flandre une armée, ſéparée de celle qui devoit agir ſous les ordres du Roi. M. de Boufflers eut la conduite d'une autre qu'on forma ſur la Meuſe.

Le Roi, aiant donné ſes ordres pour l'armement de ſa flotte & pour la défenſe des frontières du Roïaume, ſe rendit le 17. Mai à la tête de ſon armée de Flandre, laquelle s'aſſembloit près de Mons. Les troupes, que Sa Majeſté devoit commander, étoient campées à Givries, aiant la Trouille derrière elles. Celles, qui étoient aux ordres de M. de Luxembourg, avoient leur droite près du village des Hautes-Eſtinnes, & leur gauche au bois Meſdames, près de Bouſſoit. Le ruiſſeau des Eſtinnes étoit devant leur droite, & la Haine vis-à-vis leur gauche; la réſerve campoit au-delà du ruiſſeau des Eſtinnes.

Le 20. le Roi fit la revûe générale de ces deux armées dans la plaine qui eſt entre les petites rivières de la Trouille, de la Haine & le ruiſſeau des Eſtinnes. Celle, où étoit Sa Majeſté, s'avança, par les ſoins de M. le Maréchal d'Humières, dans la plaine depuis le ruiſſeau de Saint-Simphorien juſqu'à celui de Givries; & celle, aux ordres de M. de Luxembourg, depuis le faux Rœux juſqu'au bois d'Havré.

Monſieur le Dauphin & toute la Cour, qui accompagnoient le Roi, parcoururent avec Sa Majeſté le front des Lignes dans toute leur étendue. Les deux armées faiſoient enſemble cent quatre bataillons & deux cens quatre-vingt-dix-neuf eſcadrons. Pen-

Pendant que ces troupes s'assembloient près de Mons, M. de Boufflers faisoit camper les siennes à Rochefort au-delà de la Meuse; elles étoient au nombre de seize bataillons & de soixante escadrons.

M. de Joyeuse rassembloit en même tems un Corps sur la Moselle, près de Mont-Royal, & devoit avancer une tête sur la rivière d'Ahr pour retenir les troupes ennemies dans l'Electorat de Cologne & dans le Pays de Juliers. M. de Maulevrier avoit aussi sous lui trois bataillons & vingt-six escadrons pour défendre les Lignes. Il étoit chargé de veiller à la sûreté de cette partie de la frontière, & de faire évacuer Furnes, Dixmude & Courtray, afin de n'emploier ses troupes qu'à la défense du Pays & des places qui appartenoient au Roi.

L'artillerie de campagne & de siége consistoit en 196. piéces de canon, & 67. mortiers ou pierriers, dont une partie étoit sur la Meuse. Celle, que M. de Vigny avoit fait préparer sur l'Escaut, s'étoit rendue à Mons en même tems que les troupes, & on y avoit assemblé de la Flandre, de la Picardie & du Hainaut six mille chariots pour le transport des munitions de toute espéce.

Ces grands préparatifs causoient beaucoup d'inquiétude au Prince d'Orange & à l'Electeur de Bavière, à qui la Cour d'Espagne avoit donné le gouvernement des Pays-Bas. L'éloignement d'une partie des troupes des Alliés les mettoit hors d'état de s'opposer aux entreprises que le Roi vouloit former. Cependant, afin d'observer les mouvemens & de garantir Bruxelles, ils firent promptement assembler sous cette place une armée de vingt-six à vingt-sept mille hommes, & envoierent des ordres

dres

dres aux Généraux Flemming & 't Serclas de venir les joindre avec les troupes de Brandebourg & de Liége, qui avoient leurs quartiers aux environs d'Aix-la-Chapelle & sur la Meuse.

L'armée du Roi se mit en marche le 23. Mai, & alla camper sur le Piéton. La droite eut Carnières derrière elle, la Chapelle de N. D. des sept Douleurs fut derrière la gauche, & le quartier de Sa Majesté au Prieuré d'Herlaimont.

Les troupes qui étoient aux ordres de M. de Luxembourg, & son artillerie, forte de soixante-quatre piéces de canon, marcherent le même jour sur six colonnes pour aller à Felluy.

On battit la générale à la pointe du jour, & aussitôt après l'assemblée, les colonnes se jetterent sur la gauche, afin de ne pas embarrasser celles de l'armée du Roi qui marchoient sur la droite.

L'aîle droite de cavalerie fit la colonne de la droite. La Gendarmerie en eut la tête, & fut suivie du reste de la première ligne de cette aîle, ainsi qu'elle étoit campée, ensuite de la Brigade de Saint-Simon & du reste de la seconde ligne. Cette colonne, en partant de son camp, en forma deux, dont l'une passa aux Hautes-Estinnes, & l'autre à la Chapelle de Notre-Dame de Cambron. Elles allerent à travers champs passer le ruisseau de Binch au pont de Taperiaux & au gravier de Péronne. De là elles traverserent la Haine, l'une au pont de Triviere, l'autre à celui de Saint-Vaast, & entrerent dans la plaine pour y gagner la tête de la
ra-

ravine qui tombe à Haine-Saint-Paul. Les deux lignes, ne formant plus qu'une colonne, allerent droit à la hauteur d'Hardimont au Fayt & aux Wanages, où elles se trouverent à la droite du camp, qui étoit leur poste. La réserve, commandée par M. le Duc de Chartres, marcha à la tête de cette colonne.

La première ligne d'infanterie fit la seconde colonne. Navarre en eut la tête, & fut suivi des autres Brigades de cette ligne, ainsi qu'elles étoient campées. Cette colonne passa au pont que l'on avoit fait à la droite au-dessus de Maurage, & laissa Strepy avec l'autre colonne d'infanterie à sa gauche. Elle marcha ensuite à la cense du Sart, où elle prit le chemin de Famille-à-Rœux, & laissant le moulin à gauche, elle se rendit dans la plaine de Seneff, où fut le camp.

La troisième colonne fut pour la seconde ligne, en commençant par Poitou qui en avoit la gauche. Cette colonne vint passer au pont du milieu des trois qui étoient faits au-dessus de Maurage. De là elle alla à Strepy, qu'elle laissa à gauche, & la colonne d'infanterie à sa droite, pour continuer sa marche à travers champs & passer sur la digue de l'étang de la cense de la Louviere. Elle prit ensuite le chemin de Famille-à-Rœux, qu'elle laissa à gauche & la colonne d'infanterie à sa droite, pour se rendre à la hauteur de Seneff, où fut son camp.

La quatrième colonne fut pour les gros & menus bagages du quartier général de l'infanterie & de l'aîle droite de cavalerie. Ceux du quartier général en eurent la tête. Cette colonne, aiant passé la Haine au pont de

la

la gauche des trois que l'on avoit faits au-deffus de Mau-rage, alla à Bracquignies, traverfa le Rœux, prit le chemin de Megneau, & alla à Marcq, où tous les baga-ges du quartier général prirent le chemin de Felluy, & ceux de l'aîle droite de cavalerie celui de Famille-à-Rœux, d'où ils fe rendirent à leur camp. Les baga-ges de l'infanterie & ceux de l'aîle droite s'affemblerent près de Maurage, & traverferent la Haine fur un pont que l'on avoit fait dans le village. Ceux de l'aîle gau-che d'infanterie y pafferent les premiers.

La cinquième colonne fut pour l'artillerie, les caif-fons, pour les gros & menus bagages de l'aîle gauche, en commençant par le Meftre-de-Camp, fuivi du refte de la première ligne de cette aîle, enfuite de la Brigade du Maine & du refte de la feconde ligne. Cette colonne traverfa la Haine fur le pont de Bouffoit, & par des ouvertures que l'on avoit faites, elle alla paffer au gué de Thieu & au pont qu'on avoit jetté au-deffous. Elle continua fa marche par la Juftice du Rœux & le mou-lin à vent, d'où elle fuivit le chemin des Efcauffines, paffant par l'Enfer. De là elle prit le chemin qui va à la cenfe de l'Efcail & à Felluy, où elle entra dans fon camp.

La fixième colonne fut pour l'aîle gauche. La Bri-gade du Meftre-de-Camp marcha la première, & fut fuivie du refte de la première ligne de cette aîle, ainfi qu'elle étoit campée, enfuite de la Brigade du Maine & du refte de la feconde ligne. Cette colonne en forma deux pour paffer la Haine fur les deux ponts que l'on avoit faits à Ville-fur-Haine. De là elles allerent à travers

vers champs droit à Thieusies, & en approchant du village, elles le laisserent à gauche pour gagner la cense d'Ubifossé, où elles prirent le chemin de Naast. Elles allerent ensuite au cabaret de Belle-tête, & tenant Henripont à gauche, elles passerent au moulin du Cromeleu, d'où elles traverserent le ruisseau de Felluy au-dessous de ce village pour entrer par la queuë de leur camp.

Cette colonne, devant avoir passé la Haine plûtôt que celle des bagages, laissa des escadrons de distance en distance pour couvrir leur marche. Il en resta un auprès de Gottignies, un autre près de la cense d'Ubifossé, & un troisième entre Naast & Megneau.

Il y avoit à la tête de chaque colonne de cavalerie cent Dragons, munis d'outils pour accommoder les chemins ; à la tête de celles d'infanterie cent hommes de pied, tirés des Brigades qui avoient l'avant-garde ; & à la tête de celles des bagages cinquante fantassins pour le même effet. Les vieilles Gardes firent l'arrière-garde des colonnes des bagages & d'infanterie ; ce qui fut observé pendant toute la campagne. Les troupes, qui devoient avoir la tête des colonnes, envoierent le soir reconnoître leur marche pour la sortie du camp, ainsi que les ponts sur lesquels elles devoient passer la Haine. Il y eut huit cens hommes de pied commandés pour être postés de distance en distance dans les colonnes d'artillerie & des bagages. On commit aussi à un Colonel, avec cent Maîtres, le soin de leur faire observer l'ordre de la marche.

On détacha à minuit quatre cens chevaux & cent

Dragons pour couvrir la marche de l'armée sur la gauche; on en mit cent à la tête du bois del-Houssiere, & le surplus fut placé vers le moulin à vent de Braine-le-Comte. On commanda pour la même raison cinq cens hommes de pied, lesquels eurent leur rendez-vous auprès de Boussoit. On en posta cent à la tête du bois del-Houssiere, cent à Ronquieres, cinquante à Henri-pont, cinquante au château de la Folie, autant à celui des Escaussinnes, pareil nombre dans le bois de Rougelin, & cent dans le bois de Soignies. Tous ces détachemens ne revinrent au camp qu'à l'entrée de la nuit. On envoia aussi un parti d'infanterie dans le chemin du Roeux à Naast, & un vers le Fayt.

On commanda, pour marcher au campement, quatre cens travailleurs, qui firent alte auprès d'Arquenne, & qui furent emploiés à travailler aux chemins. On fit marcher à leur tête trois charettes chargées d'outils, avec un Officier d'artillerie, qui devoit les occuper aux endroits nécessaires.

On commanda de même trois cens hommes de pied, qui marcherent avec le campement, & qui, pour la sûreté du camp & du fourrage, furent postés au bois d'Haine, au pont de Seneff, à Rosignies, à Renisart, au petit Roeux, & au petit bois qui est au-dessous d'Arquenne; ils ne rentrerent dans le camp que le lendemain à la générale. L'enceinte du fourrage se fit entre le ruisseau de Seneff & celui des Escaussinnes; le détachement, qui couvroit la marche de l'armée, ne revint qu'après que le fourrage fut achevé.

Le campement s'assembla au-delà du pont de Bray
avec

avec toutes les gardes de cavalerie & d'infanterie.

Les Officiers eurent ordre de camper réguliérement à la queuë de leurs Brigades, & de ne prendre gîte que dans les villages & les lieux qui en étoient les plus voisins. Les Officiers-Généraux logerent tous à leurs aîles.

On n'envoia au campement que trois Sergens par bataillon, lesquels marcherent avec le détachement du campement.

Le Prevôt prit place sur les aîles de l'armée, afin d'arrêter ceux qui s'écarteroient de leurs colonnes.

L'armée campa sur deux lignes, la droite près des Wanages, la gauche à Arquenne, le quartier général à Felluy. La réserve fut placée au-delà du ruisseau, près du village d'Arquenne.

Le Roi trainoit à sa suite une partie de l'artillerie & des munitions qui s'étoient rendues à Mons ; l'autre partie alla passer le même jour la Sambre à la Buffière pour marcher à Philippeville, & de là à Namur. M. de Ximenès fut chargé de l'escorter avec six bataillons, qu'il tira de Dinant & de Philippeville ; mais auxquels M. de Boufflers joignit douze escadrons.

Le 24. le Roi s'avança avec son armée dans la plaine de Fleurus. Elle y campa sur deux lignes, la droite près de Sombreff, la gauche près de Saint-Fiacre. Le quartier de Sa Majesté fut au château de l'Escaille.

Le même jour M. de Luxembourg fit marcher son armée sur six colonnes pour aller à Marbay.

L'aîle droite de cavalerie fit la colonne de la droite.　　Marche

B 2　　　　　　　La

La Brigade de Courtebonne en eut la tête, & fut suivie du reste de la seconde ligne de cette aîle, ainsi qu'elle étoit campée, ensuite de celle de Dalou, & du reste de la première ligne. Cette colonne passa au pont de Seneff, & alla droit à Ubay, de là à Reve, à Villers-Perwis qu'elle laissa à gauche, & puis à hauteur de Marbay, où fut le camp.

La seconde colonne fut pour les bagages du quartier général, pour ceux de l'infanterie & de l'aîle droite de cavalerie ; ils avoient leur rendez-vous à cinq cens pas en avant du camp de Navarre. Cette colonne, aiant passé le ruisseau de Seneff au pont de Saint-Cornelis, alla à Renisart, à Buze, à Reve qu'elle mit à droite, à Frasne, à Villers-Perwis, & de là au camp.

La troisième colonne fut pour l'artillerie, pour les bagages de l'aîle gauche de cavalerie, pour ceux de la réserve & les caissons. Cette colonne passa au pont de pierre près la cense d'Ubeaumont, & alla par des ouvertures, que l'on avoit faites, à Houtain-le-Mont, d'où elle s'en fut prendre le grand chemin de Nivelle à Namur, près de Bontrelet. Elle le suivit jusqu'à la hauteur de Villers-Perwis, d'où elle se rendit au camp.

La quatrième colonne fut pour l'aîle droite d'infanterie. Champagne en eut la tête, & fut suivi des Brigades de Royal, Bourbonnois & Stoppa. Cette colonne, laissant celle des bagages à droite, traversa le ruisseau sur un pont que l'on avoit jetté entre le pont du château d'Arquenne & celui où passoit l'artillerie, & par des ouvertures, qu'elle trouva faites, elle continua sa marche à travers champs, aiant la colonne d'artillerie à sa droi-

droite & une d'infanterie à sa gauche. Elle passa à Hau-
taing-le-Val, laissa le bois de Reve à droite, & marcha
à travers champs à Sart-à-Maveline, qu'elle tint à gauche
pour entrer dans la plaine du camp.

La cinquième colonne fut pour l'aîle gauche d'infanterie. Navarre en eut la tête, & fut suivi des Brigades
de Lyonnois, Poitou & Greder. Cette colonne coula
tout le long de la tête du camp de l'aîle gauche pour
passer au pont du château d'Arquenne, & par des ouvertures, qu'on lui avoit pratiquées, elle alla à travers
champs auprès de Thiene, aiant à sa gauche une colonne de cavalerie. Elle dirigea ensuite sa marche à
à Loupoigne, à Bassy & à Sart-à-Maveline, d'où elle
entra dans la plaine du camp.

La sixième colonne fut pour l'aîle gauche de cavalerie, en commençant par Magnac, qui avoit la gauche
de la seconde ligne; elle fut suivie du reste de cette ligne & de la première dans le même ordre que la seconde.
La réserve marcha à la queuë de cette colonne, qui,
après avoir traversé le ruisseau sur le pont du village
d'Arquenne, prit tout court à droite, & ensuite à gauche à travers champs, par des ouvertures, que l'on
avoit percées, pour aller passer au pied de la Chapelle de
Bon-conseil. Elle laissa cette Chapelle à gauche, &
monta dans la plaine, tenant la Justice de Nivelle à gauche pour aller à Thiene. Ensuite elle mit Loupoigne à
droite, se rendit à Genappe, où elle traversa le ruisseau sur le pont du village, & marcha de là à Vil-
lers-la-Ville, qu'elle laissa à gauche pour entrer dans
le camp.

B 3 M.

M. de Rosen fut chargé de couvrir avec cette colonne la marche de l'armée du côté de Bruxelles.

Dès le soir, on envoia deux cens Fusiliers se poster
dans le bois de Reve. Ils y furent séparés en plusieurs
pelotons, & ne rentrerent dans le camp qu'à la huit.
On mit à l'escorte des bagages le même nombre de troupes qu'à la derniere marche. Le campement s'assembla
à la tête de Champagne.

L'armée campa sur deux lignes, la droite à la grande chaussée entre Wanglée & Marbay, la gauche se
repliant en potence, & aiant Sart-à-Maveline en front.
La réserve campa en avant de l'aîle droite.

Le 25. l'armée du Roi se porta au Masy, où fut
le quartier de Sa Majesté. Ses troupes camperent sur
deux lignes, la droite appuiée à l'Orneau au-dessous
du château du village, la gauche près de celui d'Y-
ne-les-Dames.

M. de Luxembourg fit marcher en même tems son
armée sur six colonnes pour aller à Gemblours.

Marche
de Mar-
bay à
Gemblours.

L'aîle gauche de cavalerie fit la colonne de la droite. Le Meftre-de-Camp en eut la tête, & fut suivi du
reste de cette ligne, ainsi qu'elle étoit campée, & de la
seconde ligne, dans le même ordre que la premiere.

Cette colonne alla passer auprès du cabaret des trois
Burettes, & le laissant à gauche, elle traversa la chaussée
de Bruxelles à Namur pour gagner Sombreff, qu'elle
tint à droite. De là elle continua sa marche par la
cense de Vieux-Maison, & mettant le bois d'Elpeche
sur

sûr sa gauche, elle entra dans le camp. La réserve marcha à la tête de cette colonne, & se rendit à Sauvenelle.

La seconde colonne fut pour les bagages de l'armée, qui eurent leur rendez-vous à la droite du village de Marbay. Le trésor & le quartier général en eurent la tête, & furent suivis de ceux de l'aîle droite dans l'ordre marqué pour leurs troupes, ensuite de ceux de l'infanterie & de l'aîle gauche. Cette colonne prit le chemin de Bruxelles à Namur jusqu'aux trois Burettes, traversa la grande chaussée pour la laisser à sa gauche, & poussa sa marche à travers champs droit au bois d'Elpeche, d'où elle arriva dans la plaine du camp.

La troisième colonne fut pour l'artillerie, les caissons & les bagages de la réserve. Cette colonne, en partant de son parc, laissa le grand chemin de Bruxelles à Namur & la colonne des bagages à sa droite, pour aller prendre la grande chaussée à cent pas au-dessous des trois Burettes, & la suivit jusqu'au camp.

La quatrième colonne fut pour l'aîle gauche d'infanterie, en commençant par Poitou qui avoit la gauche de la seconde ligne, & qui fut suivi de Greder Allemand, de Navarre & de Lyonnois. Cette colonne alla passer à Tilly, & de là à la cense de la Houssiere; & côtoïant ensuite la grande chaussée qu'elle laissa à droite, elle se fit un passage entre Bertinchant & Courty pour atteindre la cense de Painville, où fut le centre de la ligne.

La cinquième colonne fut pour l'aîle droite d'infanteterie, en commençant par Bourbonnois qui avoit la droite de la seconde ligne, & qui fut suivi des Brigades de Stoppa, de Champagne & de Royal. Cette colonne, laissant Tilly & l'autre colonne d'infanterie à sa droite, le chemin de Meliory à sa gauche, marcha en droiture à la cense de Gentiseaux, à Gemptines, à Saint-Gery & à Courty, d'où, après avoir tenu Hernage à gauche, elle arriva dans la plaine de Gemblours & se rendit à son camp.

La sixième & dernière colonne fut pour l'aîle droite de cavalerie. La Gendarmerie en eut la tête, & fut suivie du reste de la première ligne, ensuite de la Brigade de Saint-Simon & du reste de la seconde ligne. Cette colonne alla d'abord à Meliory, ensuite à Villeroux, d'où, laissant Saint-Gery à droite, elle se rendit de Noirmont dans la plaine pour arriver à Sauvenelle, & se trouva dans le camp. On commanda six cens hommes de pied pour le campement.

L'armée campa sur deux lignes entre le ruisseau de Gemblours & la grande chaussée, Sauvenelle derrière la droite, & Conroy derrière la gauche. La réserve campa derrière la cavalerie de la droite, près du village de Sauvenelle.

Ce même jour le Roi fit investir Namur de tous côtes. M. le Prince, avec quatre Brigades de cavalerie de l'armée que commandoit le Roi, & quinze cens hommes d'infanterie occupa les postes depuis la basse Meuse jusqu'au ruisseau de Vedrin. M. de Quadt, avec sa Brigade de cavalerie l'investit depuis ce ruisseau jusqu'à la Sambre. M. de Ximenès, avec le Corps qu'il avoit à ses ordres,

 res-

refferra la place depuis la Sambre jufqu'à la haute
Meufe, & M. de Boufflers forma, entre la haute & la baffe Meufe, l'inveftiffement avec quarante-huit efca-drons & feize bataillons.

M. de Luxembourg fit en même tems deux détache-mens de fon armée, dont l'un de quatre mille chevaux, fous les ordres de M. de Montal, Lieutenant-Général, alla prendre pofte à Longchamp & à Jennevaux, près des fources de la Mehaigne, afin d'arrêter de ce côté-là les détachemens des ennemis. L'autre de deux Brigades de cavalerie, commandées par M. de Coigny, Maréchal-de-Camp, fut fe placer à Chaftelet, pour y veiller fur Charleroy, en même tems qu'il affûreroit les fourrages & les convois qu'on tiroit de Maubeuge.

Le Roi marcha avec fon armée le 26. pour fe rendre devant Namur. En y arrivant, Sa Majefté alla recon-noître, depuis la Sambre jufqu'à la baffe Meufe, les endroits par où il falloit faire paffer les lignes de circon-vallation, & régla tout ce qui concernoit l'établiffe-ment & la fûreté des quartiers. Le Roi choifit le fien entre le village de Flauven & la cenfe Rouge, & don-na fes ordres pour la conftruction des ponts de bat-teaux fur la Sambre & fur la Meufe. Dès le même jour Sa Majefté fe tranfporta auffi avec M. de Vauban fur les hauteurs de Bouge, d'où Elle examina les environs de la place, & ordonna d'y faire les approches. M. le Comte d'Auvergne fe pofta à l'Abbaye de Salfen-ne, & M. d'Alégre fut détaché avec une Brigade de Dragons pour fe faifir du paffage de Gelberfée, qui

Tome III.   C   étoit

étoit un poste important sur le chemin de Namur à Liége, du côté de la Hesbaye. (1).

L'armée du siége étoit séparée par les deux rivières en trois principaux quartiers. Celui du Roi occupoit tout le terrein depuis la Sambre jusqu'à la basse Meuse. M. le Prince commandoit les troupes qui étoient campées depuis cette rivière jusqu'à Vedrin, & M. le Maréchal d'Humières celles qui campoient depuis Vedrin jusqu'à la Sambre. Le quartier de M. de Boufflers s'étendoit depuis la basse jusqu'à la haute Meuse, & celui de M. de Ximenès tenoit le Pays d'entre Sambre & Meuse.

La garnison de Namur, forte de huit mille deux cens quatre-vingt hommes, étoit aux ordres de M. le Prince de Barbançon, Gouverneur de la Ville & du Château. Elle consistoit en dix-sept bataillons de différentes nations, en un Régiment de cavalerie de deux cens hommes, une Compagnie franche, & quatre-vingt Canonniers.

Le 27. & les jours suivans le Roi visita les quartiers de M. de Boufflers & de M. de Ximenès, & reconnut le fauxbourg de Jambe. Pendant ce tems-là, les convois d'artillerie & de munitions arrivèrent de Philippeville par terre, & de Dinant par la Meuse. On établit des fours à Flauven, afin d'y cuire le pain pour la subsistance des deux armées, & on travailla à former deux parcs d'artillerie, l'un derrière les hauteurs de Bouge, l'autre au quartier de M. de Ximenès, selon l'état suivant.

E-

(1) C'est ainsi qu'on appelle tout le Pays qui est situé entre la Mehaigne, le Jaar & la Meuse.

ETAT *des Munitions de guerre, apportées & confommées au Siège de Namur.*

PIÉCES.

Munitions confommées.

De 33.	6.
De 24., dont 4. de nouvelle invention.	66.
De 16.	8.
De 12., dont 6. *idem.*	16.
De 8., dont 10. *idem.*	38.
De 4., dont 12. *idem.*	48.
De 3.	14.
	196.

AFFUTS.

De 33.	9.	2.
De 24., dont 5. de nouvelle invention.	74.	15.
De 16.	13.	3.
De 12., dont 7. *idem.*	21.	4.
De 8., dont 11. *idem.*	43.	1.
De 4., dont 14. *idem.*	56.	
De 3.	14.	
	230.	25.
Avant-trains.	213.	22.
Chariots à canon.	52.	4.

C 2

BOU.

Munitions, apportées au Siége de Namur.

Munitions
consommées.

BOULETS.

	Munitions apportées	Munitions consommées
De 33.	5960.	1893.
De 24.	55352.	33540.
De 16.	10460.	4506.
De 12.	12930.	6420.
De 8.	16337.	2355.
De 4.	6537.	1813.
De 3.	1400.	258.
	108976.	50765.

ARMÉS DES PIÉCES.

	Munitions apportées	Munitions consommées
De 33.	9.	1.
De 24.	93.	28.
De 16.	23.	11.
De 12.	33.	26.
De 8.	74.	34.
De 4.	78.	25.
De 3.	14.	

MORTIERS.

De 18. ponces.	3.
De 12.	32.
De 8.	24.
	59.
Pierriers.	8.

AFFUTS A MORTIERS.

De 18. pouces.	3.	
De 12.	38.	
De 8.	26.	
	67.	

Affûts à Pierriers.	16.	

BOMBES.

De 18.	600.	334.
De 12.	8466.	7440.
De 8.	4000.	1380.
	13066.	9154.
Grenades.	43200.	20773.
Fuſées à bombes.	17179.	8457.
Fuſées à grenades.	50300.	12950.
Poudre.	1058400.	725000.
Plomb.	182200.	102472.
Mêche.	175400.	88450.
Hallebardes.	480.	240.
Armes à l'épreuve.	50.	8.

OUTILS A PIONNIERS.

Pics à hoyaux.	24070.	9515.
Hoyaux.	10400.	2158.

Pics

	Munitions, apportées au Siége de Namur.	Munitions consommées.
Pics à croc.	6470.	2120.
Bêches.	24672.	10505.
Pelles de bois ferrées.	3500.	2270.
	69712.	26568.
Hâches.	6559.	2877.
Serpes.	11514.	5973.
Outils à mineurs.	200.	87.
Outils à ouvriers.	221.	
Madriers.	1830.	1378.
Piéces de bois.	229.	229.
Leviers.	218.	126.
Couffinets, ou gros coins de mire.	26.	26.
Hampes.	364.	204.
Chèvres.	6.	
Triqueballes.	2.	
Crics.	8.	
Tire-bourres.	23.	
Sacs à terre.	113553.	86253.
Pierres à fufil.	10000.	
Souphre.	708.	558.
Salpêtre.	1236.	1036.
Thérebentine.	150.	100.
Vieux-oing.	1128.	1004.
Chandelle.	200.	200.
Flambeaux de cire jaune.	126.	12.
Peaux de mouton.	120.	95.

Au-

Munitions, apportées au Siége de Namur.		Munitions consommées.	1692. MAI.
Aunes de toile.	73.	73.
Lanternes claires.	29.	
Lanternes sourdes.	23.	
Tamis.	4.	
Mesures à poudre.	38.	
Chaudières de fer à artifices.	2.	
Entonnoirs.	2.	2.
Maillets de bois.	10.	
Baguettes à charger les fusées à bombes.	99.	
Baguettes de fer pour fusées à grenades.	41.	26.
Gamelles de bois.	4.	1.
Egrugeoirs.	8.	2.
Aiguilles à coudre de toutes sortes.	142.	
Fil.	$1\frac{1}{2}$	$1\frac{1}{2}$
Ficelle.	6.	4.
Vrilles.	12.	9.
Passe-boulets de cuivre de 12. 8. & 4.	3.	
Dégorgeoirs.	20.	
Caisses à boulets sur des charettes.	24.	4.
Moufles de bois avec poulies.	26.	2.
Harnois de limons.	100.	10.
Bottes de cercles.	56.	56.
Grils à rougir boulets.	7.	
Tenailles de fer.	5.	
Cuillers de fer.	29.	5.
Métal.	294.	

COR-

Munitions, apportées au Siége de Namur.

*Munitions
consommées.*

CORDAGES.

	Munitions apportées	Munitions consommées
Cinquenelles.	11.	1.
Allonges.	50.	39.
Cables de chèvres.	3.	
Prolonges & travers.	635.	402.
Commandes.	700.	700.
Paires de traits.	530.	366.
Menus cordages.	13.	13.
Batteaux de cuivre.	110.	
Hacquets.	118.	
Ancres.	32.	8.
Cabeſtans.	11.	
Rames.	21.	17.
Crocs.	60.	57.
Fourches de fer.	40.	40.
Maſſes de bois.	20.	20.
Piquets.	57.	57.
Caiſſons.	4.	
Etain.	8.	
Forges complettes.	2000.	1490.
Fer en barres.	588.	
Vieux fer.	45.	19.
Acier.	30.	30.
Limes.	980.	529.
Cloux de fer.	22.	22.
Raſières de charbon.	12.	
Chariots couverts.	5.	
Caiſſons.	258.	22.
Charettes.		

Auſſi

Aussi-tôt que la place fut investie, vingt mille pionniers, commandés pour travailler aux Lignes & aux chemins, se rendirent au camp. Ils étoient tirés de Flandre, du Hainaut, de Picardie & de Champagne.

Le Prince d'Orange & l'Electeur de Bavière, aiant appris l'investissement de Namur, firent au-plûtôt marcher leurs troupes à Bethlehem près de Louvain. Cette marche ne fut pas assez importante pour engager le Maréchal de Luxembourg à aucun mouvement. Il fit seulement préparer toutes les routes pour la marche de ses colonnes, afin de prévenir les ennemis dans les postes qu'il avoit dessein d'occuper, lorsqu'ils s'avanceroient pour secourir la place.

Le Roi avoit résolu de s'emparer de la Ville avant d'attaquer le Château, & d'y faire deux attaques différentes. M. de Vauban devoit les conduire des deux côtés de la basse Meuse.

On ouvrit la tranchée la nuit du 29. au 30. Elle fut tous les jours relevée par trois bataillons à l'attaque qui se faisoit sur les hauteurs de Bouge, & qui s'étendoit jusqu'à la Meuse. Deux autres bataillons monterent à celle, formée contre le fauxbourg de Jambe. Deux escadrons, divisés en quatre troupes, étoient commandés pour soutenir cette attaque. Ils devoient se tenir un peu en arrière de la queuë de la tranchée, & être relevés tous les jours, jusqu'à ce que le fauxbourg fût emporté.

L'attaque comprenoit deux bastions revêtus & une demi-lune de terre. Il y avoit au pied du glacis, qui étoit devant ces ouvrages, un avant-fossé, formé par une partie des eaux du ruisseau de Vedrin. Ce petit ruisseau détourné étoit retenu par un batardeau, & formoit devant le glacis de la demi-lune une flaque d'eau assez spacieuse, mais peu profonde. Devant le bastion, construit sur le bord de la Meuse, & à l'opposite de la demi-lune de la porte Saint-Nicolas il y avoit un avant-chemin-couvert, à la gauche duquel étoit cette flaque d'eau. En remontant le ruisseau, on trouvoit une écluse, défendue par un petit ravelin.

Le travail de la première nuit fut poussé à quatre-vingt toises du glacis. La nuit du 30. au 31. on travailla à deux batteries de canon sur la hauteur de Bouge, où étoit la droite de l'attaque. L'une étoit de dix piéces (1), l'autre de cinq (2). On y établit aussi une batterie de douze mortiers (3): on en fit encore deux autres de canon sur une hauteur au quartier de M. de Boufflers, l'une de six (4), & l'autre de quatre piéces (5), lesquelles enfiloient tous les ouvrages du front de l'attaque de la porte Saint-Nicolas.

Toutes ces batteries commencerent à tirer le 31. au matin avec beaucoup de succès. Ce même jour on travailla à deux nouvelles batteries de canon (6), qui furent établies sur le bord de la Meuse pour battre de plus près les ouvrages de la place. On en fit aussi une troisième (7) à la queuë de la tranchée, à l'attaque de M. de Boufflers, pour ruiner le batardeau qui retenoit les eaux de l'avant-fossé.

JUIN.
La nuit du 31. au premier Juin la tranchée fut continuée à la grande attaque, & poussée sur le bord de la Meuse jusqu'au pied du glacis de l'avant-chemin-couvert;

vert; ce qui ôtoit aux ennemis le moïen de pouvoir
faire des forties de ce côté-là. On perfectionna auſſi la communication des tranchées de la gauche à la droite, & on pouſſa juſqu'à dix heures du matin des demi-ſappes en avant ſur le glacis de l'avant-chemin-couvert. On travailla ſur les hauteurs de Bouge à dreſſer une batterie de quatre piéces de canon (8) à la droite des deux autres, & une autre (9) à la gauche, entre les hauteurs & la Meuſe. On y éleva auſſi une batterie de mortiers (10), qui étoit fort près de l'avant-chemin-couvert.

Le même jour ſur les huit heures du matin, M. de Boufflers fit attaquer par trois cens Grénadiers & quatre cens Dragons le retranchement qui couvroit le fauxbourg de Jambe, lequel fut pris ſans beaucoup de réſiſtance. Les ennemis ſe retirerent dans un réduit revêtu, qui étoit à la tête du pont. On s'établit dans les maiſons les plus prochaines, que l'on perça, & on continua une tranchée à travers des jardins pour aller joindre celle que l'on avoit faite ſur le bord de la Meuſe.

A midi on établit des travailleurs ſur la crête du glacis de l'avant-chemin-couvert, afin d'y faire un logement. Pour favoriſer ce travail, toute la garde de la tranchée & les batteries de canon & de mortiers eurent ordre de faire un feu continuel. Les logemens qu'on s'étoit faits ſur le penchant des hauteurs, & dans leſquels on avoit placé des Mouſquetaires, commandoient les ouvrages des ennemis; ce qui donna la facilité de s'étendre & de ſe loger ſans perte.

La

La nuit suivante on travailla au passage de l'avant-fossé, qui étoit devenu aisé à passer par l'attention que M. de Vauban avoit eue de ruiner le batardeau.

Le 2. à midi, six compagnies de Grénadiers attaquerent le chemin-couvert de la porte Saint-Nicolas, & en chasserent les ennemis. On se contenta cependant de se bien établir sur l'angle saillant de la demi-lune. Le feu des deux batteries qui étoient sur le bord de la Meuse, & les logemens, faits sur le penchant des hauteurs, incommodoient tellement les assiégés, qu'ils abandonnerent la demi-lune du front de l'attaque.

On travailla pendant la nuit du 2. au 3. à combler le fossé, & comme la demi-lune n'étoit pas revêtue, on s'en empara & on y fit un logement. On s'étendit aussi du côté de la Meuse, en suivant le chemin-couvert que les ennemis avoient entiérement abandonné.

Une des batteries placées sur la hauteur de Bouge, & deux autres batteries de l'attaque de M. de Boufflers battoient en brêche les deux faces du bastion qui étoit sur le bord de la Meuse, & ruinoient le batardeau qui soutenoit les eaux du fossé du corps de la place. La brêche du bastion étant devenue praticable, quelques Officiers & des Ingénieurs passerent le fossé sur le batardeau, dont la chappe avoit été rasée. Ils monterent sur la pointe du bastion, & n'y rencontrerent que deux ou trois soldats, qui prirent la fuite ; mais on ne jugea pas la brêche assez grande pour entreprendre de s'y loger. Les batteries continuerent à tirer, & pendant la nuit du 3. au 4. on s'avança près de l'ouvrage qui couvroit le pont du fauxbourg de Jambe. On poussa un boy-

boyau à la tête du fauxbourg, en s'approchant du bord de la Meuſe, où furent dreſſées deux batteries pour ruiner le réduit & une des piles du pont, afin de couper aux aſſiégés les communications de cet ouvrage. Auſſi-tôt que les batteries commencerent à tirer, ils abandonnerent ce poſte.

La nuit du 4. au 5. le Roi ordonna de faire un logement ſur le baſtion qui tenoit à la Meuſe; ce qui aiant été exécuté, on s'étendit auſſi ſur la courtine. Les ennemis avoient abandonné la nouvelle enceinte & occupoient la vieille, qui n'en étoit ſéparée que par un foſſé plein d'eau & peu profond.

Le 5. voiant le logement fait ſur le baſtion, ils demanderent à capituler. Ils évacuerent la place le lendemain, & ſe retirerent dans le Château. On convint de part & d'autre qu'on ne tireroit point de la Ville ſur le Château, ni du Château ſur la Ville. M. de Guiſcard en fut nommé Gouverneur; on y fit entrer dix bataillons pour en compoſer la garniſon & occuper les poſtes du côté du Château.

Pendant que le Roi ſe rendoit maître de la Ville de Namur, les ennemis s'empreſſoient de raſſembler leurs troupes. Le Prince d'Orange & l'Electeur de Bavière, aiant été joints par les Généraux Flemming & t'Serclas, ainſi que par les troupes de Hollande, partirent de Louvain le 5. Juin, & vinrent à Meldert & à Bevecum. Le 6. ils camperent près de Hougaerde, entre Tirlemont & Judoigne. Le 7. ils marcherent à Orp & à Montenaken. Leur armée conſiſtoit en cent quatre-vingt-huit eſcadrons & quatre-vingt-cinq bataillons; mais

D 3   leurs

leurs bataillons étoient plus forts que ceux de l'armée Françoise; ce qui rendoit leur infanterie supérieure en nombre à celle que M. de Luxembourg avoit à leur opposer.

Sur les mouvemens que M. le Prince d'Orange fit pour s'approcher de Louvain, le Roi ordonna à M. de Maulevrier, qui commandoit depuis l'Escaut jusqu'à la mer, d'envoier sa cavalerie à Chastelet aux ordres de M. de Coigny, & d'être attentif aux démarches des ennemis, afin de se jetter avec son infanterie dans les places qu'ils paroîtroient vouloir attaquer.

A la nouvelle que le Prince d'Orange & l'Electeur de Bavière devoient s'avancer sur la Gette, M. de Luxembourg s'étoit fait joindre le 3. par ces troupes qui étoient à Chastelet, où il n'avoit laissé que cinq cens chevaux. Le Roi lui envoia aussi le même jour dix piéces de canon avec un détachement de six bataillons & de douze escadrons des troupes de M. de Boufflers. Le lendemain de la prise de la ville, l'armée d'observation fut encore renforcée de dix bataillons qui servoient au siége, de dix piéces de canon & de vingt-neuf escadrons de cavalerie, ou de Dragons. Alors elle se trouva forte de quatre-vingt-deux bataillons & de deux cens soixante-huit escadrons.

M. de Luxembourg avoit envoié M. d'Albergotty & M. de Puisegur reconnoître le camp de Longchamp, qu'il avoit dessein d'occuper aussitôt à l'approche des Alliés. Le 4. de Juin il y fit marcher son armée.

Marche de Gem. La marche se fit sur sept colonnes. La premiere ligne de l'aîle gauche eut la colonne de la droite; le Mestre-

tre-de-Camp en eut la tête. Cette colonne laiſſa le village de Conroy à ſa gauche pour paſſer l'Orneau au
pont de Mazy qui étoit au-deſſous. Elle laiſſa auſſi à
gauche le grand chemin & le château, & alla droit à
Inc-Sauvage, & de là à Boveſſe, où fut ſon camp.

La ſeconde colonne fut pour la ſeconde ligne de l'aîle gauche; le Maine en eut la tête. Cette colonne paſſa
entre le château & l'Egliſe de Conroy pour aller au
pont du château de Mazy, où elle traverſa l'Orneau.
Elle côtoïa enſuite les hayes de Golzenne, qu'elle laiſſa
à gauche, ainſi que le bois d'Argenton, & ſe rendit à
Boveſſe, où fut ſon camp. Les gros & menus bagages
de cette aîle en prirent la queuë.

La troiſième colonne fut pour l'aîle gauche d'infanterie; Poitou en eut la tête. Cette colonne, laiſſant le grand
Maiſnil à ſa gauche & Viſenet à ſa droite, paſſa l'Orneau ſur un pont qu'elle trouva près de ce dernier village. De là elle prit à travers champs, traverſa le bois
pour aller à Fero qu'elle laiſſa à gauche, marcha enſuite près de Golzenne, & reprit entre Saint-Denis & Boveſſe pour ſe rendre à la Commanderie de Brouard, qui
étoit dans le camp.

La quatrième colonne fut pour l'artillerie & les bagages du quartier général & de toute l'infanterie. Cette
colonne en forma deux pour paſſer l'Orneau, l'une au-
deſſous, l'autre au-deſſus de Gemblours; & lorſqu'elles furent dans la plaine, les deux n'en firent qu'une
pour aller à l'Abbaye d'Argenton. En approchant de
cette Abbaye, cette colonne la laiſſa à droite, & ſuivit
le grand chemin, tenant auſſi Saint-Denis du même côté

té pour gagner la cense d'Ostin, où fut le centre du camp.

La cinquième colonne fut pour l'aîle droite d'infanterie, dont Bourbonnois eut la tête. Cette colonne passa l'Orneau à la cense de la Posterie, alla à Liroup qu'elle mit à gauche, & ensuite au petit Lez qu'elle laissa aussi à gauche. De là elle passa par une ouverture qu'elle trouva faite dans le bois, pour aller traverser le ruisseau de Jennevaux, & tenant le village à gauche, elle marcha à d'Huy, où fut son camp.

La sixième colonne fut pour la seconde ligne de l'aîle droite; Saint-Simon en eut la tête. Cette colonne laissa Sauvenelle à gauche, & traversa l'Orneau sur un pont que l'on avoit fait pour elle au-dessous de ce village. Elle traversa de la même façon le ruisseau de Liroup, & alla passer devant le château du petit Lez. Laissant ensuite la colonne d'infanterie à sa droite, elle suivit le chemin de Jennevaux, où elle passa le ruisseau pour aller à Upignies, où fut son camp. Les gros & menus bagages de l'aîle droite avec ceux de la réserve prirent la queuë de cette colonne.

La septième & dernière colonne fut pour la réserve & pour la première ligne de l'aîle droite. Cette colonne laissa Sauvenelle à droite, passa au petit Maisnil & au grand Lez, suivit le chemin de Liernue, alla à Monceau, ensuite à Mehaigne & à Longchamp, où fut son camp.

L'armée campa sur deux lignes, la droite au village d'Arleu, la gauche entre les villages de Bovesse & de Saint-Denis.

Le

Le 6. M. de Luxembourg, aiant reconnu que les ennemis quittoient leur camp de Hougaerde pour s'avancer du côté de Hannuye, rangea son armée en bataille sur les quatre heures du soir, & marcha à Emptine.

Chaque ligne, devant former sa colonne, se rompit par un quart de conversion que chaque bataillon & chaque escadron fit sur sa droite. Chaque division marcha ensuite de front & à la distance nécessaire pour se mettre en bataille. L'armée traversa dans cet ordre le ruisseau de Longchamp.

Marche de Longchamp à Emptine.

La première ligne passa sur plusieurs ponts que l'on avoit faits au-dessous de ce village, & la seconde sur ceux que l'on avoit construits au-dessus. Elles traversèrent de la même façon le ruisseau qui baigne la cense de Fraucou, ensuite elles s'étendirent dans la plaine de Boneff, à trois cens pas l'une de l'autre, & jusqu'à ce que la tête de chaque colonne fût arrivée au village & au ruisseau d'Emptine, où la droite devoit être appuiée. Pour lors chaque escadron & chaque bataillon faisant un quart de conversion à gauche, les deux lignes se trouverent en bataille, & l'armée campa.

L'artillerie passa sur un pont que l'on avoit jetté au-dessus de Longchamp ; laissa les deux colonnes des troupes à sa gauche, & étant dans la plaine de Boneff, elle alla parquer auprès d'Henrée.

Tous les bagages marcherent dans le même ordre que les troupes. Ils laisserent l'artillerie à leur gauche, passerent le ruisseau de Longchamp au pont que l'on avoit fait auprès du petit bois, d'où ils allèrent à Leeuse, & se rendirent dans la plaine du camp.

L'armée eut sa droite appuiée à Emptine où étoit le quartier général, & sa gauche à Longchamp. La réserve campa près de Montigny.

Aussi-tôt après la prise de la Ville, il y avoit eu une cessation d'armes pour donner le tems aux assiégés de se retirer dans le Château. On en avoit profité, en établissant des batteries entre la porte de Bruxelles & la Sambre.

Le Roi avoit aussi changé de quartier. Sa Majesté étoit venue entre Sambre & Meuse, afin d'être plus à portée de donner ses ordres pour les attaques. Avant que d'ouvrir la tranchée, on avoit fait une nouvelle disposition des troupes, propre à resserrer de plus près les ennemis. Il y avoit une ligne d'infanterie & de cavalerie, qui s'étendoit depuis l'Abbaye de Malogne sur la Sambre jusqu'aux ponts de la haute Meuse. Dix bataillons furent destinés à camper plus près du Château, sur les hauteurs entre la Balance & la Blanche-Maison, en s'allongeant jusqu'à la Meuse.

Le Château de Namur, situé au confluent de la Sambre & de la Meuse, étoit défendu du côté qui descend vers l'Abbaye de Salsenne, par un ouvrage irrégulier que le Prince d'Orange avoit fait construire, & qu'on appelloit le *Fort Neuf*, ou le *Fort Guillaume*. En avant de cet ouvrage & en tirant du côté de la Meuse, les ennemis occupoient des retranchemens, protégés par un petit ouvrage qu'on nommoit *la Cassotte*, au-delà des-

desquels ils avoient établi trois cens hommes en différens postes sur les hauteurs où devoient camper les troupes du Roi. Ces postes étoient soutenus par cinq bataillons, rangés en bataille à environ mille pas en arrière de ces détachemens.

M. le Prince de Soubise, qui étoit Lieutenant-Général de jour, & qui devoit placer les troupes du Roi au pied de ces hauteurs, remarqua que les ennemis y tenoient des postes. Il les fit reconnoître sur les flancs, afin de savoir par quel nombre de troupes ces détachemens étoient soutenus; & comme il importoit beaucoup de chasser les ennemis de ces hauteurs avant qu'ils s'y fussent retranchés, il envoia rendre compte au Roi de l'état des choses, & lui demander ses ordres pour l'attaque. Sa Majesté lui aiant enjoint d'en chasser les ennemis, il mit ses dix bataillons en bataille sur une seule ligne, afin de déborder le front qu'on pourroit lui opposer. Il plaça les Grénadiers un peu en avant, pour marcher droit aux détachemens qu'il voioit devant lui. Dans cette disposition les troupes du Roi marcherent aux ennemis, & les chasserent des hauteurs où ils avoient pris poste. Ils furent vivement poursuivis, même jusqu'à d'autres hauteurs où étoient les cinq bataillons, destinés à soutenir ces détachemens. Les troupes du Roi, animées du succès qu'elles venoient d'avoir, délogerent aussi ces bataillons du terrein qu'ils occupoient; & comme elles s'emporterent loin dans la poursuite, elles auroient couru risque d'être maltraitées par le feu que les ennemis faisoient de leurs ouvrages, si M. le Prince de Soubise ne les eût retenues. Il les ramena

E 2   sur

sur le terrein qu'elles devoient occuper, & elles camperent au pied des hauteurs, afin de n'être point exposées aux décharges du Château.

On ouvrit la tranchée la nuit du 8. au 9. en deux endroits différens, afin de s'approcher en même tems du Fort Guillaume & de la première enveloppe du Château, nommeé par les ennemis *Terra-Nova*.

La tranchée fut de jour en jour relevée par sept bataillons ; mais dans les premiers jours, qui suivirent l'ouverture de la tranchée, le travail fut poussé fort lentement, tant par la difficulté du terrein, qu'à cause des orages & des pluies continuelles. On eut aussi beaucoup de peine à achever les batteries qu'on établit sur les hauteurs, & qui tirerent quelques jours après.

Pendant qu'on attaquoit le Château de Namur, le Prince d'Orange s'avançoit pour en faire lever le siége. Le 8. il vint camper sur la Mehaigne, aiant sa droite à Thine, & sa gauche à Latine. M. de Luxembourg, qui etoit attentif aux mouvemens des ennemis, fit marcher son armée pour occuper la plaine d'Acoche.

Marche
d'Emptine
à Acoche. On sonna le boutte-selle, & on battit la générale à midi. L'armée fit cette marche dans le même ordre que la précédente. Les deux lignes marcherent sur leur droite par bataillons & par escadrons de front. La première traversa le ruisseau d'Emptine entre Meffle & l'embouchure du ruisseau d'Acoche ; la seconde près d'Emptine. Elles continuerent leur marche dans la plaine, à trois cens pas l'une de l'autre, jusqu'à ce que la tête de chaque colonne fût arrivée à hauteur de la tombe de

Vis-

Viſcou, où la droite de la deuxième ligne devoit être appuïée. Alors chaque eſcadron & chaque bataillon faiſant un quart de converſion à gauche, les deux lignes ſe remirent en bataille, & l'armée campa.

L'artillerie laiſſa le village d'Emptine à ſa gauche pour entrer dans la plaine d'Acoche. Les bagages marcherent ſur la droite de l'artillerie, & traverſerent le ruiſſeau ſur le pont que l'on avoit fait auprès du château de Montigny, d'où ils entrerent dans le camp. Les bagages de l'aîle gauche allerent à Emptine.

L'armée eut ſa droite à la tombe de Viſcou, ſa gauche près du village d'Emptine, & le quartier général à Acoche.

M. de Luxembourg, aiant mis ſes troupes en bataille & viſité tous les gués de la Mehaigne, fit avancer vingt piéces de canon pour éloigner les troupes que les ennemis avoient placées ſur le bord de la rivière, & qui travailloient à y conſtruire des ponts. On en fit quatre décharges, enſuite on les retira, parce que les ennemis, qui avoient la hauteur pour eux, avancerent auſſi beaucoup de canon, joint à cela qu'ils auroient eu beaucoup d'avantage à établir un feu d'artillerie d'un bord de rivière à l'autre.

Les deux armées reſterent dans cette poſition juſqu'au 10. Le Prince d'Orange avoit fait eſperer qu'il paſſeroit la Mehaigne pendant la nuit du 10. au 11., & M. de Luxembourg, à qui le Roi avoit ordonné de ne point engager d'un bord de rivière à l'autre un combat où ſa cavalerie n'auroit point eu la meilleure part, retira les

E 3 Gar-

Gardes qu'il avoit sur la Mehaigne, & fit reculer son armée le 10. après-midi pour laisser le passage libre aux ennemis. Il mit sa droite entre la tombe & la cense de Viscou. La gauche fut appuiée au ruisseau de Seron, aiant Emptine & son ruisseau devant elle; le village d'Acoche étoit entre les deux lignes. On forma deux Corps de réserve; l'un derrière la droite, l'autre derrière la gauche de l'armée. La Brigade de Bohlen, cavalerie, & celle d'Alègre, Dragons, devoient être placées; la première entre les deux lignes d'infanterie, presque à leur droite où le terrein étoit plus ouvert; l'autre entre les deux lignes de cavalerie de l'aîle gauche, & presque à leur droite, soit pour y servir de réserve, ainsi qu'à la gauche de l'infanterie, soit pour mettre pied à terre, & occuper les bords du ruisseau qui passe à Emptine.

On s'attendoit que le Prince d'Orange, aiant la liberté de passer la Mehaigne, feroit entrer son armée dans la plaine & y attaqueroit celle de M. de Luxembourg; on croioit même qu'il feroit tous ses efforts pour sauver une place aussi importante que Namur. Le 29. de Mai sa flotte avoit remporté dans la Manche un avantage considérable sur celle de France, & cet évenement paroissoit devoir rendre le calme à l'Angleterre; mais soit que ce Prince craignît que la perte d'une bataille n'y causât une révolution dans un moment où la fermentation étoit encore fort grande, soit qu'il crût ne devoir point passer la Mehaigne à cause des grandes crûes d'eau que les pluies avoient occasionnées, il se servit auprès des Alliés de ce dernier prétexte pour ne rien hazarder.

Pendant ces mouvemens, les travaux du siége aiant été poussés jusqu'auprès des retranchemens qui étoient protégés par la redoute de la Caffotte, M. de Vauban jugea qu'on pouvoit en chasser les ennemis, & le 13. on fit les dispositions suivantes pour l'attaque.

M. le Duc, qui commandoit à la tranchée, plaça à la droite trois compagnies de Grénadiers des Gardes Françoises; ensuite en revenant vers le centre, deux cens Mousquetaires, deux compagnies de Grénadiers de Piémont, deux des Vaisseaux & une de Toulouse; au centre cent cinquante Grénadiers à cheval, & à la gauche quatre compagnies de Grénadiers du Régiment du Roi & trois des Gardes Suisses. Quinze cens Fusiliers, partagés en trois troupes, furent destinés à suivre les Grénadiers. Ils étoient soutenus de sept bataillons de la tranchée, & des dix de la Brigade du Roi, qui étoient en bataille sur la hauteur à la tête de leur camp. Ces troupes furent encore renforcées par le Régiment de Dragons de Grammont, qui mit pied à terre pour se joindre à la garde de la tranchée. M. de Vauban indiqua aux troupes les endroits jusqu'où elles devoient aller.

Tout étant ainsi disposé, le Roi, qui étoit sur une hauteur pour voir l'attaque, fit donner à midi le signal par trois décharges de bombes, dans la dernière desquelles les bombes ne furent remplies que de terre. Les Grénadiers, qui en étoient avertis, en profiterent pour sortir des tranchées & marcher en avant. Ils partirent en-

ensemble au signal, & essuïerent à bout portant le feu des ennemis, qui avoient environ quatre cens hommes, tant dans la redoute que dans ses dehors, & trois cens dans le retranchement. Le chemin, que les Grénadiers avoient à faire, étoit si court & ils marcherent avec tant de vivacité, que les assiégés, après leur décharge, ne songerent qu'à se retirer. Ils furent chassés de leurs retranchemens & de la redoute, & poursuivis, la bayonnette au bout du fusil (1), jusqu'au chemin-couvert des ouvrages de la tête du Château. Aussi-tôt que les Grénadiers eurent poussé les ennemis, on établit les travailleurs à la gauche sur la crête du chemin-couvert de la redoute, & à la droite au-delà du retranchement, où l'on occupa le sommet d'une hauteur de laquelle on découvroit entiérement les ouvrages. Les assiégés perdirent en cette occasion plus de trois cens hommes & beaucoup d'Officiers de considération, parmi lesquels se trouva le Comte d'Alme, Grand d'Espagne.

Le Roi, témoin de cette attaque, étoit à portée d'y envoier promptement ses ordres. M. Le Comte de Toulouse reçut au bras une grosse contusion un peu en arrière de Sa Majesté, & M. de Nonant y fut blessé à la tête.

Les vents & les pluies continuelles avoient rendu les chemins impraticables; ce qui engagea le Roi à prêter ses chevaux & ses mulets pour transporter aux batteries les bombes, les boulets & autres munitions.

Dans

_____

(1) Les bayonnettes à manche de bois étoient en usage depuis long-tems; on s'en servit encore pendant toute cette guerre. Les Dragons & les Grénadiers étoient armés de fusils; mais il n'étoit pas permis d'en avoir plus de quatre dans chaque compagnie d'infanterie.

Dans la nuit, qui suivit cette attaque, le travail fut poussé plus de cinq cens pas en avant vers la gorge du Fort Guillaume. Le 14. on s'étendit sur la droite, & on y dressa deux batteries, tant contre le Fort Guillaume que contre le vieux Château. Ce même jour les assiégés abandonnerent une maison retranchée, qu'ils occupoient en avant de leurs ouvrages.

La nuit suivante on ouvrit une nouvelle tranchée auprès de l'Abbaye de Salsenne pour embrasser le Fort Guillaume du côté de la Sambre ; le travail fut poussé à trois cens pas du chemin-couvert.

Le 15. les nouvelles batteries, qu'on avoit établies depuis la prise de la Cassotte, démonterent presque entiérement le canon des assiégés.

Pendant que le Roi pressoit le Château de Namur, le Prince d'Orange, qui ne vouloit pas engager une bataille, cherchoit différens moïens de troubler le siége. Il fit le 14. au soir un détachement de cinq à six mille chevaux, sous les ordres du Comte de 't Serclas, qui passa la Meuse à Huy, où il fut encore renforcé par l'infanterie de la garnison. M. de 't Serclas marcha dans l'intention d'attaquer le quartier de M. de Boufflers. Il se proposoit non seulement de couper les ponts de batteaux qui faisoient la communication de ses troupes avec celles de M. de Ximènes & de M. le Prince ; mais aussi de s'emparer des munitions qui se trouveroient entre la haute & la basse Meuse. Le Roi, qui en eut avis, fit fortifier la garde des ponts & le quartier de M. de Boufflers. Aiant mandé la réserve de l'armée d'observation, il rangea lui-même ses troupes en bataille hors de Lignes.

M. de 't Serclas, informé que sa marche avoit été découverte, repassa incontinent la Meuse & revint rejoindre les ennemis, sans avoir ôsé rien entreprendre.

Presque dans le même tems, les Alliés attaquerent, près de Slenrieu, un convoi considérable qui venoit de Beaumont à Philippeville, & brulerent une vingtaine de chariots, chargés de farine & d'avoine. Les garnisons de ces deux places, étant accourues au secours de l'escorte qui se battoit en retraite, on sauva le reste du convoi.

Malgré la précaution qu'on avoit eue de renvoier les gros équipages à Givet, il étoit impossible de trouver dans le Pays, où l'armée étoit obligée de séjourner, une quantité suffisante de fourrages dont la cavalerie avoit besoin. Pour suppléer à ce défaut, on commença le 13. à délivrer du fourrage sec, & un demi-boisseau d'avoine par cheval. La consommation pour l'armée seule de M. de Luxembourg se montoit chaque jour à trente mille boisseaux, mesure de Paris.

Les magasins d'avoine & de fourrages, formés avant le siége, suffisoient pour faire subsister de cette manière la cavalerie des deux armées jusqu'au premier de Juillet. Elles avoient ensuite la ressource de tout ce que l'on pouvoit tirer du Hainant. Les équipages, qui étoient à Givet, prenoient leurs fourrages nécessaires dans le Pays situé sur la rive droite de la Meuse, depuis cette ville jusqu'à Huy.

Le 15. & le 16. on s'approcha de fort près d'un avantvant-chemin-couvert qui étoit devant le Fort Guillaume. 1 6 9 2. On travailla aussi à une double sappe pour essaier de JUIN. couper la communication du Fort avec le Château. A l'attaque, qui partoit de l'Abbaye de Salsenne, on se logea entre le Fort Guillaume & une redoute dépendante de la fortification de la ville, dans laquelle M. de Vauban avoit placé cinquante Fusiliers.

Le 17. avant le jour, les assiégés firent sur l'attaque de la gauche une sortie de quatre cens hommes. Ils causerent beaucoup de desordre parmi les travailleurs, dont ils tuerent deux ou trois Officiers & environ trente soldats; mais les troupes, qui étoient de garde à la tranchée, les repousserent aussi-tôt & rétablirent en peu de tems le travail qu'ils avoient dérangé.

Ce même jour les ennemis décamperent à trois heures du matin, & marcherent à Taviers. Ils pousserent leur droite à Perwis, & mirent leur gauche à Branchon, aiant leur front vis-à-vis la Mehaigne. Sur l'avis qu'en eut M. de Luxembourg, il alla occuper le camp de Longchamp.

L'armée fit cette marche par la gauche, de la même manière qu'elle avoit fait les deux précédentes par la droite, & on suivit avec tant d'ordre les ennemis le long de la Mehaigne, que les têtes & les arrière-gardes des deux armées marcherent presque toujours en présence. La droite de l'armée de M. de Luxembourg resta dans la plaine de Boneff. Elle fut appuiée à Henrée, la gauche près de Temploux, & on établit le quartier général à Longchamp.

Le

Le Prince d'Orange fit encore dans ce camp des démonstrations comme s'il vouloit décider du fort de Namur par une bataille. Dès qu'on eut élargi les chemins qui partageoient les deux armées, il s'avança pour examiner la gauche de M. de Luxembourg, pendant que l'Electeur de Bavière paſſa la rivière à Boneff pour reconnoître la droite. Le Prince d'Orange, aiant fait occuper par quelques détachemens d'infanterie les hayes qui ſe trouvoient entre les deux armées, parut en pluſieurs endroits ; mais ſans s'approcher d'aſſez près pour pouvoir être attaqué. L'Electeur de Bavière s'avança par la plaine ; mais les décharges de quelques troupes de Carabiniers, qu'on détacha ſur lui, l'obligerent de repaſſer promptement la Mehaigne.

Les ennemis pouvoient marcher à M. de Luxembourg par leur droite, en ſe coulant d'abord entre Aſche & les bois du grand Lez, pour venir enſuite par Liernue & Jennevaux prendre la ſource des ruiſſeaux. On remarquoit un mouvement continuel dans les troupes de leur droite. Elles s'avançoient par détachemens, qui ſe ſuccédoient les uns aux autres pour reconnoître le centre & la gauche de l'armée d'obſervation ; ce qui donnoit lieu à de fréquentes eſcarmouches, & aſſez vives de tems à autre. Les Alliés n'avoient entre les bois & les ruiſſeaux que fort peu d'eſpace pour ſe mettre en bataille, & en pénétrant dans un Pays où ils auroient eu beaucoup de peine à ſe communiquer, ils euſſent été déſolés par l'artillerie Françoiſe. Cependant, malgré les déſavantages qu'ils y auroient trouvés, M. de Luxembourg ne crut pas devoir garder ſa poſition, parce que

que dans le terrein, qu'occupoit son armée, la communication de ses deux aîles étoit aussi très difficile, outre que sa cavalerie n'eût pû y avoir que peu de part à une bataille. Il alla le 20. reconnoître un autre camp, qu'il fit aussitôt prendre à son armée.

Chaque Brigade envoia observer les chemins que devoient tenir ses bagages, lesquels se mirent en marche dès qu'on eut battu la générale. Les troupes ne partirent de leur camp que lorsque tous les bagages furent arrivés dans l'autre.

Marche de Longchamp à la Falise.

Les Brigades de l'aîle droite de cavalerie, qui étoient campées dans la plaine de Boneff, passèrent le ruisseau, qui sort de Leeuse, sur les ponts qu'elles trouvèrent derrière leur camp, & laissant le village de Leeuse à leur droite, elles enfilèrent le chemin de Longchamp à Namur, qu'elles suivirent jusqu'à Daussoir. Tenant ensuite la ravine de Vedrin à leur gauche, elles se rendirent dans leur camp, qui étoit entre cette ravine & celle de la Falise. Les autres Brigades de cette aîle passèrent à la tête du village d'Upignies, d'où elles arrivèrent à Warjus, & de là au camp.

L'aîle gauche & toute l'infanterie se rompirent sur leur gauche pour marcher par bataillons & par escadrons de front. Elles s'étendirent dans la plaine jusqu'au château de Millemont, la droite de l'infanterie fut appuïée à la ravine de la Falise.

L'armée eut sa droite à Daussoir & Namur à dos, sa gauche au ruisseau de l'Orneau près de Millemont, le quartier général à la Falise; & la réserve, non loin de

F 3

Dau-

Dausoir, faisoit face au chemin de Boneff à Namur.

Les deux armées demeurerent tranquilles pendant plusieurs jours. Depuis que celle de M. de Luxembourg eut pris cette position, les Alliés ne chercherent point l'occasion d'entreprendre sur elle.

Le 18. & le 19. la communication du Fort Guillaume avec le Château fut presque entiérement ôtée aux assiégés par des doubles sappes, à la tête desquelles on rangea des Carabiniers, prêts à faire feu sur ceux qui se présenteroient au passage.

Le 20. & le 21. deux batteries, placées sur la hauteur la plus voisine du Château, battirent en brèche un des bastions de l'ouvrage, appellé *Terra-Nova*, de même que la branche gauche du Fort Guillaume. On éleva encore deux autres batteries au-delà de la Sambre, qui battoient en écharpe quelques parties du chemin-couvert de cet ouvrage, & dont on s'approcha de fort près à la sappe. On travailla aussi à élargir la tranchée & à la perfectionner.

Le 22. le Roi, s'étant apperçu qu'on pouvoit se rendre maître du chemin-couvert du Fort Guillaume, en ordonna l'attaque. En conséquence, huit compagnies de Grénadiers & un pareil nombre de Fusiliers se joignirent aux sept bataillons de la tranchée. M. le Duc, qui la commandoit, plaça ces troupes vers les six heures du soir. Il disposa les bataillons dans des endroits où ils pouvoient s'opposer aux ennemis, & s'avancer vers eux en cas de besoin. Sur les neuf heures du soir on donna le signal de l'attaque, qui étoit de six coups de canon,

ti-

tirés en falve. En même tems les Grénadiers marcherent au premier chemin-couvert, & après en avoir dé-
logé les affiégés, ils les forcerent encore dans le fecond.
Ils pourfuivirent les ennemis avec tant de chaleur, qu'ils
traverferent le foffé avec eux, & quoique la brêche fût
très difficile à infulter, & que d'ailleurs elle fût protégée
par les ouvrages du vieux Château, ils n'héfiterent
pas à y monter. Cette brufque attaque épouvanta tellement les affiégés, qu'à l'inftant ils battirent la chamade & envoierent des ôtages au Roi.

On convint de part & d'autre que la garnifon, qui
étoit dans l'ouvrage, livreroit le lendemain, 23. du
mois, à fept heures du matin, une des portes aux troupes du Roi. Elle en fortit à midi par la brêche, tambour
battant, enfeigne déploiée, & fut conduite à Gand.
Elle confiftoit en quatre-vingt Officiers & quinze cens
foixante-&-quatre foldats.

Ce même jour les Alliés marcherent à Sombreff, où
ils mirent leur gauche, appuïant leur droite à Villers-
Perwis. Ce mouvement ne produifit d'autre effet que
d'engager M. de Luxembourg à changer de quartier.
Il vint loger au château du Bofquet.

Le 24. les ennemis prirent leur camp à Saint-Amand,
où ils eurent leur gauche, & leur droite entre le bois
de Frafne & Liberchies. Ce nouveau mouvement, qui
faifoit craindre que les ennemis ne paffaffent la Sambre,
détermina le Roi à détacher M. de Boufflers, qui avec un
gros Corps de cavalerie & de Dragons alla s'emparer de
la hauteur d'Auvelois. M. de Luxembourg fit en même tems jetter trois ponts fur la Sambre, entre Jemep-
pe

pe & l'Abbaye de Floreff, au moïen desquels il pût communiquer avec lui. Il fit aussi avancer au-delà de cette rivière & sur l'Orneau la Maison du Roi, la cavalerie de la droite de la seconde ligne & la réserve. La Maison du Roi traversa la Sambre à Ham, campa sur la hauteur, appuïa sa droite à la rivière, & sa gauche au bois. La cavalerie de la droite de la seconde ligne campa en même tems près de l'Orneau, dans une petite plaine entre Froidmont & Moustiers. Les Brigades de Champagne & de Bourbonnois borderent la Sambre, aiant le village de Mornimont devant elles, & un pont de batteaux vis-à-vis leur centre. Il y avoit deux autres ponts au-dessus de Froidmont, un à Soye, & l'autre à Florifou, dressés exprès afin que toute l'armée fût en état de passer la Sambre, & de prévenir le Prince d'Orange par-tout où il voudroit tenter le passage. M. de Luxembourg prit son quartier à Moustiers, le centre & la gauche de l'armée resterent dans leur première position.

Le Fort Guillaume enlevé, on donna un peu plus de relâche aux troupes, & la tranchée ne fut plus relevée que par quatre bataillons. Après que les ennemis eurent évacué le Fort, on y fit plusieurs ouvertures dans les flancs & dans la courtine, à travers desquelles on fit passer de l'artillerie. On y éleva des batteries de canon & de mortiers.

Le 24. & le 25. on embrassa tout le front de la première enveloppe du Château, appellé *Terra-Nova*, & on acheva la communication de la tranchée de la droite,

qui

qui étoit près de la Meuse, avec la gauche du côté de
la Sambre.

Le 26. & le 27. les sappes furent pouffées fort près
de l'avant-chemin-couvert du Château. On éleva
deux nouvelles batteries pour achever de ruiner les dé-
fenfes des affiégés, pendant que les autres battoient en
ruine les pointes & les deux faces des deux demi-baftions
de *Terra-Nova*.

Le 28. on entreprit de chaffer les affiégés des deux
chemins-couverts du Château. Neuf compagnies de
Grénadiers & un pareil nombre de Fufiliers fe joignirent
aux troupes de la tranchée. M. le Prince de Soubife,
qui y commandoit, en fit les difpofitions.

Le Roi voulut encore être préfent à cette attaque;
il fe mit dans le Fort Guillaume. Le fignal étant donné vers les onze heures & demie du matin par une falve de douze piéces de canon, les Grénadiers & les détachemens fortirent tous enfemble des tranchées, &
pouffèrent les ennemis du premier chemin-couvert dans
le fecond, & de là dans le foffé de l'ouvrage, où ils
cherchèrent leur retraite par plufieurs poternes & ca-
ponnières. On monta en même tems fur le haut de la
contre-garde à la pointe du baftion de la gauche de l'attaque que les ennemis avoient abandonné. Il y avoit au-
deffous un fourneau chargé, mais qui fut heureufement
découvert par un prifonnier qu'on fit fur eux. On
avoit commandé quelques Grénadiers du Régiment des
Gardes pour reconnoître la brèche, commencée au
baftion de la gauche. Ils y montèrent malgré le feu
des ennemis; & comme elle fe trouva trop efcarpée,

Tome III. G on

on se contenta de se loger dans la contre-garde & sur les chemins-couverts dont on s'étoit emparé.

La nuit du 28. au 29. on perfectionnna tous les logemens, & les sappeurs travaillerent à la descente du fossé. On attacha aussi les mineurs en plusieurs endroits, & on se mit en état de faire sauter tout à la fois les deux demi-bastions avec la courtine. Le canon ne cessoit de foudroier la pointe des bastions & d'en hâter la ruine.

La nuit du 29. au 30. M. de Rubantel fit monter quinze Grénadiers au haut de la brêche. Ceux-ci, voiant peu de monde dans le bastion, y entrerent & s'en rendirent maîtres; ils furent suivis de plusieurs autres, & sur-tout des travailleurs, qui y firent un logement. Les ennemis, en fort petit nombre, & très peu sur leurs gardes, coulerent le long de la courtine, & se jetterent dans l'autre bastion, qui étoit à la droite de l'attaque. Ils en sortirent aussi, après y avoir été fort peu de tems. On n'y trouva que quatre hommes, un desquels devoit, en se retirant, mettre le feu à un fourneau qui étoit sous le bastion qu'ils abandonnoient. Il fut surpris, & le saucisson coupé. On travailla ensuite à s'étendre pour se loger dans l'ouvrage & l'occuper entiérement.

Dès qu'on s'en fut saisi, les assiégés se trouverent extrêmement resserrés. Cependant il leur restoit encore deux autres ouvrages à défendre; mais comme ils craignoient d'avoir beaucoup à souffrir des bombes, qu'ils se trouvoient accablés de fatigue, & qu'ils se voioient sans esperance d'être secourus, ils battirent la chamade

le

le 30. à six heures du matin & demanderent à capituler. **1692.** Ils envoierent incontinent des ôtages, qui furent con- duits auprès du Roi. Sa Majesté en envoia un pareil nombre à M. le Prince de Barbançon, & les articles de la capitulation se réglerent avec M. de Barbezieux & M. de Chanlais.

Sur les six heures du soir la garnison du Château céda une des portes au Régiment des Gardes Françoises. Le lendemain, premier Juillet, elle en sortit à trois heures après-midi avec tous les honneurs de la guerre. Elle étoit réduite à quatre mille cinq cens hommes, qui furent conduits à Louvain avec tous leurs équipages.

Vers les six heures du soir on mit toute l'armée d'observation en bataille, pour faire des réjouissances à l'occasion de la prise de Namur. La droite étoit devant le Mazy, le long du ruisseau de l'Orneau, la gauche sur la hauteur de Ham sur Sambre. On plaça devant la droite soixante piéces de canon près du ruisseau de l'Orneau, & vingt autres à la gauche de l'autre côté de la Sambre, où étoit M. de Boufflers. Trois décharges de toute l'artillerie & de la mousquetterie annoncerent le succès de cette expédition. Le même jour le Roi se transporta à l'Abbaye de Floreff, où M. de Luxembourg se rendit pour recevoir les ordres & les instructions dont Sa Majesté avoit à l'honorer, en lui confiant la conduite de son armée pendant le reste de la campagne.

La perte des assiégeans, tant à l'attaque de la Ville que du Château, fut d'environ trois mille hommes;

mais

mais la fatigue du siége dans une saison extrêmement pluvieuse diminua considérablement l'armée du Roi, malgré l'attention continuelle de Sa Majesté pour procurer à ses troupes une subsistance facile & abondante.

Le 2. Juillet le Roi visita tous les ouvrages, tant de la Ville que du Château de Namur, & donna ses ordres pour réparer cette place, afin de la mettre promptement en état de défense. Le lendemain Sa Majesté, accompagnée de toute sa Cour, partit pour Dinant, d'où elle retourna à Versailles à petites journées.

M. de Guiscard avoit eu le Gouvernement de la Ville de Namur, il obtint aussi celui du Château. Après la prise de cette place, on y avoit fait entrer dix bataillons pour en composer la garnison; on l'augmenta de quatre autres, outre un Régiment de cavalerie & un Régiment de Dragons. On détacha quatre bataillons & quarante-&-un escadrons, lesquels marcherent vers le Rhin, afin de mettre M. le Maréchal de Lorges en état de s'opposer aux ennemis, qui devoient être incessamment renforcés par les troupes de Juliers & de Cologne. M. d'Harcourt commandoit un petit Corps d'armée sur la frontière du Luxembourg, où il observoit les démarches du Général Flemming & du Comte de 't Serclas, qui campoient près de Huy. M. de Coigny, qui conduisoit le détachement dépêché pour l'Allemagne, eut ordre dans sa marche de lui laisser deux Régimens de Dragons. Après le départ de ces troupes & de quelques Régimens qu'on envoia dans les places, l'armée de M. de Luxembourg se trouva composée de quatre-vingt-&-un bataillons & de deux cens quatorze escadrons,

drons, non compris dix-huit autres escadrons, destinés pour la garde des Lignes. Celle de M. de Boufflers consistoit en dix-neuf bataillons & cinquante-deux escadrons.

Le mauvais état, auquel le siége de Namur avoit réduit l'équipage des vivres, ne permettoit à M. de Luxembourg de s'éloigner que fort peu des places du Roi; & quoique son armée fût plus considérable qu'elle ne l'avoit été pendant les années précédentes, néanmoins il ne pouvoit entreprendre aucun siége. Ses troupes avoient besoin de repos, & la cavalerie avoit beaucoup souffert par les mauvais tems & par la rareté des fourrages. D'ailleurs les ennemis n'étoient point inférieurs en nombre. Bien plus; ils devoient être bientôt joints par huit mille Hannovriens & par les troupes que le Prince d'Orange avoit laissées en Angleterre, dans la crainte d'une descente.

Comme la prise de Namur assûroit les places de la Meuse, l'intention du Roi étoit que M. de Luxembourg s'avançât avec son armée à Enghien, qu'il fît ensorte de prévenir les Alliés du côté de la mer, & tâchât de les fixer auprès de Bruxelles. Il étoit uniquement chargé de la conservation des places & du Pays; il ne devoit avoir d'autres vûes que celles de s'opposer aux entreprises des Alliés & de faire subsister son armée à leurs dépens.

La position des ennemis obligeoit M. de Luxembourg de passer d'abord la Sambre, de la repasser ensuite entre Charleroy & Maubeuge pour s'approcher de Mons & s'avancer à Enghien. Il fit lever le camp

G 3

à

à son armée le 2. du mois, & en alla prendre un autre dans la plaine de Saint-Gerard.

Marche
de la Fali-
fe & de
Mouftiers
à Saint-
Gerard.

L'armée y marcha fur six colonnes. L'aîle droite de cavalerie fit la colonne de la droite. La première ligne de cette aîle, qui étoit campée au-delà de la Sambre au village de Ham, eut la tête de la marche, en commençant par les Gardes-du-Roi. La feconde ligne de cette aîle paffa la Sambre fur les deux ponts que l'on avoit jettés près du village de Ham, & fuivit la première ligne. Cette colonne, laiffant la trouée de Ham à gauche & le village de Surmont à droite, alla entre Foffe & Vitrivaux, traverfa le bois du Roi par des ouvertures que l'on avoit pratiquées, prit le chemin de Metez, & enfuite celui de Bienne, où étoit fon camp. Elle y fut fuivie de fes bagages.

La feconde colonne fut pour l'artillerie. Elle defcendit par le chemin de Spy au château de Froidmont, & traverfa la rivière à Ham fur le pont de la gauche. De là elle fuivit celui de la trouée du Chat, & laiffant Touravifé à droite, la cenfe de la Folie à gauche, elle marcha à Foffe, & puis à Boffier, où elle entra dans la plaine du camp.

La troifième colonne fut pour les Brigades de Champagne & de Bourbonnois, qui étoient campées près de Mornimont. Elles furent fuivies de leurs bagages & de ceux de l'aîle gauche, lefquels defcendirent par le chemin de Spy à Mouftiers. Cette colonne paffa la Sambre au pont qu'on avoit jetté près de Mornimont, laiffa le village à droite, traverfa le bois, & à fa fortie rencontrant

trant la colonne d'artillerie, elle la laissa à droite pour
aller à la cense de la Folie, qu'elle tint du même côté.
De là elle passa le ruisseau de Fosse sur un pont fait
exprès pour elle, marcha à la cense de Giguerrie qu'elle
mit à gauche, coula ensuite le long du bois qu'elle laissa, ainsi que l'artillerie, à sa droite, & se rendit auprès
de Metez, où fut son camp.

La quatrième colonne fut pour le reste de l'infanterie, qui prit le chemin de Temploux au château de Soye,
& marchant par des ouvertures qu'elle trouva faites,
elle laissa le château à deux cens pas sur sa gauche. Elle
passa la Sambre sur le pont de la droite des trois que l'on
avoit construits entre ce château & Fresnier, & traversa le bois pour gagner la plaine de Fosse. Ensuite tenant
le Sart-Saint-Lambert à gauche & le Sart-Saint-Laurens
à droite, elle vint à Giguerrie, d'où, aiant Libine & la
colonne de cavalerie à sa gauche, elle arriva entre Gros
& Metez dans la plaine du camp.

La cinquième colonne fut pour l'aile gauche de cavalerie. Cette colonne, laissant l'infanterie & le village
de Souarlé à droite, alla descendre au château de Soye,
qu'elle tint à gauche. Elle passa la Sambre sur les ponts
de la gauche, & mettant la Chapelle Saint-Pierre à sa
gauche, elle monta dans la plaine par des ouvertures
que l'on avoit faites. Ensuite elle marcha à Sart-Saint-
Lambert, laissa le bois à gauche & Giguerrie à droite
pour passer à Libine, d'où elle se rendit entre Saint-Gerard & Gros, où fut son camp.

La sixième & dernière colonne fut pour les bagages
de l'infanterie, lesquels prirent le chemin de Souarlé à
Flo-

Florifou, & passerent la Sambre sur le pont, qu'on y
avoit fait, pour aller à Floreff, d'où ils prirent un chemin entre Froidebise & Sauvimont, & traverserent le
bois pour gagner la cense d'Auvelois près de Libine, &
puis la plaine de Saint-Gerard, où fut le camp.

Le campement s'assembla à la tête des Gardes-du-
Roi au village de Ham. Il y eut six cens hommes de
pied commandés pour la colonne de l'artillerie, deux
cens pour celle des bagages de l'infanterie, cent pour
les bagages de l'aîle droite, & autant pour ceux de la
gauche. On commanda encore mille fantassins avec cent
Dragons & quatre cens chevaux, qui firent l'arrière-garde de l'armée. Ils furent chargés de faire lever les ponts
& de les conduire jusqu'à la Maison-Blanche près de
Namur.

L'armée campa dans la plaine de Saint-Gerard sur
deux lignes, la droite faisant la gauche. La droite
étoit entre Gros & Saint-Gerard, le quartier général
au même endroit, & la gauche appuïée à Bienne; Metez & Bossier faisoient face au camp. Les troupes, qui
vinrent de Namur, furent campées à Oré, sur la marche qu'on devoit faire pour aller entre Maubeuge &
Charleroy.

M. de Luxembourg resta quelques jours dans ce camp,
tant pour donner du repos à son armée, que pour empêcher les ennemis d'en troubler la marche par des
détachemens.

Le 4. l'artillerie s'avança derrière le camp, & parqua
entre le village de Stave & le bois.

Le

Le 6. de grand matin l'armée partit sur neuf colon- 1692.
nes pour Tully.

La réserve, qui étoit campée à Fosse, fit la colonne de la droite. Elle marcha à Vitrivaux, au Roux, à
Presse, au Boussiou, & fit alte à la hauteur des sossiaux
de Couillé. Elle envoia un détachement à la tête du village de ce nom, qui est sur le grand chemin de Charleroy à Gerpine, & lorsqu'elle jugea que la marche de
l'armée pouvoit être faite, elle alla passer la rivière
d'Heure à Gamignon pour arriver à Marbay, où fut son
camp.

La seconde colonne fut pour l'aîle droite de cavalerie, qui faisoit la gauche dans ce camp; la Maison du
Roi en eut la tête. Cette colonne passa par les Vaux
dessous Bienne, & alla à travers champs jusqu'auprès
de Gogny, de là à la Figotterie & à la forge d'Acos.
Laissant ensuite Joncré & Nalenne à gauche, elle dirigea sa marche droit à Ham-sur-Heure, où elle traversa
la rivière sur le pont du bourg, & se trouva à la droite du camp.

La troisième colonne fut pour la première ligne d'infanterie. Champagne en eut la tête, & fut suivi du reste
de cette ligne, ainsi qu'elle étoit campée. Cette colonne coula tout le long de la queuë du camp de la seconde ligne de l'aîle gauche pour aller passer au pont de la
droite des deux qu'on avoit faits au-dessous de Bienne.
Elle marcha ensuite par les terres à Villers-Potterie
& à Acos, mit Joncré à droite, passa de Bertransart
à Hamsoury, & prit un chemin près de la Justice pour

Tome III.   H   ga-

gagner le hameau de Ham, dont elle fit raccommoder le pont, sur lequel elle traversa la rivière d'Heure & entra dans la plaine du camp.

La quatrième colonne fut pour la seconde ligne d'infanterie, en commençant par Bourbonnois, qui fut suivi du reste de la ligne dans l'ordre où elle étoit campée. Cette colonne, marchant derrière le camp de la seconde ligne de l'aîle gauche, & laissant l'autre colonne d'infanterie à sa droite, alla passer sur le pont de la gauche que l'on avoit construit au-dessous de Bienne, & par des ouvertures, qu'elle trouva faites, elle continua sa marche par Fretier, par le Try de Marie-Lienaut, & descendit à la forge de Gerpine, où elle traversa le ruisseau pour aller droit au-dessus de Tarsienne, qu'elle tint à gauche. Elle poussa ensuite jusqu'à Gourdine, & de là à Bierzée, où elle passa la rivière d'Heure sur le pont du village, & marcha par le chemin de Tully pour entrer dans la plaine du camp.

La cinquième colonne fut pour l'aîle gauche de cavalerie, qui faisoit la droite dans ce camp. Courtebonne en eut la tête, & fut suivi du reste de la seconde ligne dans l'ordre où elle étoit campée, ensuite de la Brigade du Mestre-de-Camp & du reste de la première ligne. Cette colonne passa derrière le camp de l'infanterie & de l'aîle gauche pour aller traverser le ruisseau de Bienne au gué de Prie, d'où, continuant sa marche près de Fromié, & le tenant à droite, elle vint à Hemié, côtoïa les hayes de Tarsienne pour gagner successivement Sombezé, Pry, Miertenen, & Aussogne, où fut le camp.

La

La fixième colonne fut pour tous les menus bagages 1692. de l'armée, qui s'affemblèrent derrière la Brigade de Gre-der. Ceux de l'aîle droite, qui faifoit la gauche, mar-cherent les premiers, & furent fuivis de ceux de l'infan-terie & de l'aîle gauche. Cette colonne laiffa l'aîle gau-che de cavalerie à fa droite, prit par Oré, Henfinelle, le château de Leneff & Cheftré, traverfa la rivière d'Heure, partie à l'Abbaye du Jardinet, partie à Valcourt, & paffa de là à Fontenelle & à Caftillon pour fe rendre au Camp.

La feptième colonne fut pour les troupes qui cam-poient à Oré, lefquelles pafferent à Moriammé, à la Foffe-à-l'eau, à Frere, à Feroul, à la forge de Batte-fer, & à Caftillon, d'où elles arriverent dans la plaine du camp.

La huitième colonne fut pour l'artillerie, qui étoit à Stave. Elle fe porta à Florennes, & le laiffant à droi-te, elle alla au moulin de Saint-Aubin, à Jamaigne, à Jamiole, à Slenrieu, à Bouffu, & à Caftillon, qu'elle tint à droite pour entrer dans la plaine du camp.

La neuvième & dernière colonne fut pour les gros bagages qui étoient à Philippeville, avec le Régiment du Marquis de Grandmont qui les efcorta. Ils prirent le chemin de Philippeville à la forge du Prince, allerent de là au moulin de Bouffu & à Clermont, d'où ils en-trerent dans la plaine du camp.

Le tréfor, le quartier général & les Vivandiers de l'armée s'affemblèrent derrière la Brigade de Stoppa, où ils fe mirent en marche pour prendre la queuë de l'ar-tillerie à Stave, & partirent pour cet effet à minuit. On commanda cinquante Maîtres & deux cens hommes de

H 2   pied,

pied, qui, avant la générale, se rendirent au rendez-vous des menus bagages. On dispersa dans cette colonne les deux cens fantassins par pelotons, & les cinquante Maîtres en firent l'arrière-garde.

On donna trois cens hommes de pied pour escorte aux équipages qui suivoient l'artillerie. Ils y furent partagés par pelotons; cent chevaux en firent l'arrière-garde.

Quatre cens chevaux & huit cens fantassins prirent dès la nuit la route de la plaine de Ham-sur-Heure, où ils furent postés près des trois Tilleuls pour la sûreté du fourrage, qui se fit en arrivant.

Vers le soir, on envoia mille hommes de pied dans les bois que l'armée devoit percer dans sa marche. De ce nombre il y en eut cent dans les bois de la Fagotterie sur le chemin de Chastelet, cent dans le bois de Lau-prelle sur le chemin de Couillé à Gerpine, cent à la cen-se de Bierlaire sur le chemin de Charleroy à Philippe-ville, cent dans le bois d'Hensinelle, cent dans le bois de la Fosse-à-l'eau entre Moriammé & Frere, & cent dans celui de Florennes vers le grand & petit Marcoury. Tous ces détachemens ne revinrent au camp qu'à la nuit.

L'armée campa sur deux lignes, la droite aux arbres de Ham-sur-Heure, & la gauche près de Strées, qu'elle avoit devant elle. Aussogne étoit derrière le camp, Tully devant le front, où l'on établit le quartier général.

Le même jour M. de Boufflers, qui étoit à Aveloy
vin

vint camper à Florennes, où il eut fa droite & fa gauche près du ruiffeau d'Emptine.

L'armée de M. de Luxembourg partit le lendemain
fur huit colonnes pour Merbe-Potterie.

La réferve, qui étoit campée auprès du village de
Marbay, eut la colonne de la droite, & traverfa la Sambre au pont de Thuin, d'où elle prit fa marche par le
village de Bienne-le-Happart, le Cérifier du Sart &
Merbelette. Elle paffa enfuite à la tête du bois de Saillermont, qu'elle laiffa à droite pour aller au grand Reng,
où fut fon camp.

La deuxième colonne fut pour l'artillerie, laquelle
marcha à Ragny. De là elle paffa la Sambre à l'Abbaye
de Lobbe, gagna la cenfe de l'Efcail, & laiffant enfuite
le Sart à droite, elle entra dans la plaine du camp.

La troifième colonne fut pour l'aîle droite de cavalerie, laquelle paffa fur le pont qui étoit au milieu du
village de Tully, d'où elle fe rendit à travers champs
près de la Chapelle de Ragny, qu'elle laiffa à droite,
ainfi que la cenfe de Pomereuil, & après avoir traver-
fé la Sambre au pont de la Buffière, elle alla fe ranger à
la queuë de fon camp.

La quatrième colonne fut pour l'aîle droite d'infanterie, en commençant par Champagne. Cette colonne,
tenant Tully à droite & Donftienne à gauche, marcha à travers champs droit au Foftiau, & laiffant le
bois avec le château à deux cens pas fur la gauche,
elle continua fa marche à travers champs pour aller
paffer la Sambre au-deffus de la Buffière, au pont de

la

la droite des deux que l'on avoit dreſſés vis-à-vis de Gouy, d'où elle entra dans la plaine du camp.

La cinquième colonne fut pour l'aîle gauche d'infanterie, en commençant par Navarre. Cette colonne paſſa par Donſtienne, d'où, prenant à travers champs, & laiſſant l'autre colonne d'infanterie à cent pas ſur ſa droite & le Foſtiau à ſa gauche, elle traverſa la Sambre ſur le pont de batteaux de la gauche, que l'on avoit conſtruit à Gouy, d'où elle ſe rendit dans la plaine du camp.

La ſixième colonne fut pour tous les gros & menus bagages de l'aîle gauche, tant cavalerie qu'infanterie, leſquels s'aſſemblèrent entre Strées & Donſtienne. Cette colonne s'en fut droit à Tapefeſſe, à Hantes, & à Solre-ſur-Sambre, d'où elle entra dans le camp.

La ſeptième colonne fut pour la première ligne de cavalerie de l'aîle gauche. Elle prit le chemin de Strées à Beaumont, & mettant la ville à droite, elle paſſa ſur un pont qui étoit au-deſſus. De là elle ſe porta de Lugny à Conſolre, & en côtoïant les bois, arriva à Jeumont, où elle traverſa la Sambre pour entrer dans ſon camp.

La huitième colonne fut pour la ſeconde ligne de l'aîle gauche de cavalerie. Elle laiſſa le grand chemin de Strées à Beaumont ſur ſa droite, & paſſa aux cenſes des Eſtoffettes, d'où, tenant Lugny & la colonne de cavalerie à ſa droite, elle alla à la Fonderie de Conſolre, & de là au pont de Marpent, d'où elle arriva dans la plaine du camp.

Tous les menus bagages de l'aîle droite de cavalerie,

de

de l'infanterie & de la réserve suivirent leurs colonnes, & tous les gros bagages s'assemblerent à la tête du village de Tully pour prendre la queuë des troupes qui passerent au pont de la Bussière, & aux deux autres que l'on avoit jettés à Gouy.

A la générale, le campement s'assembla à la tête du village de Tully. On laissa dans le camp six cens fantassins avec les vieilles Gardes, lesquelles firent l'arrière-garde des équipages.

On appuïa la droite de l'armée à Sart; la gauche s'étendoit vers le grand Reng, faisant un coude à l'arbre de Jeumont. Le quartier général fut à Merbe-Potterie, la Sambre à dos du camp.

M. de Boufflers campa ce même jour à Rosoy, près de Philippeville.

L'infanterie, qui avoit servi au siége de Namur, étoit si épuisée de fatigue, que dans les deux marches depuis Saint-Gerard jusqu'à Merbe-Potterie, un grand nombre de traîneurs n'avoient pû suivre l'armée. De crainte qu'ils ne fussent enlevés, M. de Luxembourg envoia un gros parti de cavalerie & de Dragons devant Charleroy, & cinq cens Fusiliers dans les bois.

En arrivant dans ce camp, M. de Cheladet fut détaché avec quatre cens chevaux pour apprendre des nouvelles des ennemis. M. de Vertillac, Gouverneur de Mons, eut aussi ordre de dépêcher un parti de cavalerie du côté de Tubise, dans l'incertitude s'ils marchoient de ce côté-là, & s'ils cherchoient à s'approcher de Bruxelles. On apprit que le Prince d'Orange, aiant

con-

confommé les fourrages des environs de Charleroy, n'avoit fait d'autre mouvement que d'avancer le 8. à Genappe.

M. de Luxembourg, qui vouloit prévenir les ennemis à Enghien, n'avoit deſſein de s'arrêter à Merbe-Potterie que le moins qu'il ſeroit poſſible. Il fut cependant obligé d'y ſéjourner, afin de tirer par eau un convoi de Maubeuge. Il détacha de ce camp M. de la Valette, qui avec dix-huit eſcadrons alla ſe poſter à Pomereuil, où il étoit à portée de marcher aux Lignes & de joindre l'armée.

Le 9. les troupes marcherent à Ville-ſur-Haine.

Marche de Merbe-Potterie à Ville-ſur-Haine.

La marche ſe fit ſur huit colonnes. Celle de la droite fut pour la Maiſon du Roi & pour la Brigade de Montfort. Cette colonne paſſa au Cériſier du Sart, prit le grand chemin de la Buſſière à Binch, & laiſſant cette ville à gauche, elle alla à Saint-Vaſt, à Sainte-Anne-à-Braquignies, & de là au camp.

La ſeconde colonne fut pour les Brigades de Dalou, Phélippeaux, Montmorency & Turenne. Cette colonne, tenant Merbe-Sainte-Marie à gauche, enfila le chemin de ce village à Bonne-Eſperance. Elle paſſa enſuite entre cet endroit & Binch, marcha à Brule, au gravier de Peronne, à Trivier, & à un gué entre Thieu & Braquignies, d'où elle entra dans la plaine du camp.

La troiſième colonne fut pour les bagages du quartier général, pour ceux de l'aîle droite de cavalerie & de toute l'infanterie. Cette colonne prit le chemin de

Mer-

Merbe-Potterie à Bonne-Esperance, laissa Merbe-Sainte-Marie à droite & le chemin de ce village à Bonne-Esperance du même côté pour aller au pont de Bray, de là à Maurage, & au gué de Thieu, d'où elle entra dans le camp.

La quatrième colonne fut pour l'aîle droite d'infanterie. Champagne en eut la tête & fut suivi des Brigades du Roi, des Gardes, de Stoppa, Dauphin & Bourbonnois. Cette colonne s'en fut droit à la Belle-Maison, prit le chemin de Bonne-Esperance, qu'elle laissa à droite pour arriver aux hautes Estinnes, & de là à Boussoit, d'où, mettant Thieu à droite, elle passa sur un pont qu'elle trouva près de ce village, & entra dans son camp.

La cinquième colonne fut pour l'aîle gauche d'infanterie. La Brigade de Navarre en eut la tête, & fut suivie de celles de Royal, Porlier, Crussol & Lyonnois. Cette colonne se porta droit à la tête du bois de Saillermont, tint Forue ou faux Rœux à droite, & Hauchain à deux cens pas sur sa gauche pour aller à la Chapelle-à-Bray, à la cense du Foyaux qu'elle laissa à gauche, & à Ville-sur-Haine, où étoit le camp.

La sixième colonne fut pour la première ligne de l'aîle gauche, dont le Mestre-de-Camp eut la tête. Cette colonne passa à la cense du Coulombier & à Hauchain, d'où, aiant Villers-le-Sec & Villers-Saint-Guilain à gauche, elle marcha à la Chapelle de Bon-Vouloir, & traversa la Haine près d'Havré pour se rendre au camp.

La septième colonne fut pour la réserve & pour la seconde ligne de l'aîle gauche. Cette colonne passa entre Croix & Rouvrois, laissa Villers-le-Sec & Villers-Saint-Guilain à droite pour atteindre la cense du Sart & Obourg, où elle traversa la Haine. De là cette colonne se sépara. La réserve prit à gauche pour aller camper au-delà de Saint-Denys, & la cavalerie de l'aile gauche dirigea sa marche par la bruyère d'Havré pour se rendre à son camp. Les bagages de la réserve & ceux de l'aile gauche suivirent cette colonne.

La huitième & dernière colonne fut pour l'artillerie, qui, laissant Rouvrois à droite, marcha à Givrils, à Saint-Simphorien & à Nimy, sur la hauteur devant Mons, où elle demeura jusqu'à nouvel ordre.

Le campement s'assembla à la tête du Mestre-de-Camp. On commanda huit cens hommes de pied pour l'escorte des menus bagages.

La droite de l'armée avoit le ruisseau de Thieu derrière elle, la Haine à dos de l'infanterie, & l'Abbaye de Saint-Denys derrière l'aile gauche.

M. de Boufflers, qui étoit resté entre Sambre & Meuse, afin d'empêcher que les détachemens des ennemis ne pénétrassent dans le Hainaut, conduisit son armée à la Bussière, & y campa, aiant la rivière en front.

Le 10. du mois M. de Luxembourg fit partir ses troupes pour Soignies; mais dans le moment qu'il se mettoit en marche, il tomba une si grande quantité de pluie, que l'armée ne put la continuer. Il s'y rendit seulement avec la première ligne des deux ailes, & eut beaucoup de peine à arriver jusque-là, tous les che-

chemins creux s'étant remplis d'eau, qui débordoit &
formoit des torrens à droite & à gauche.

Le lendemain la marche fut continuée sur sept colonnes. L'aîle droite de cavalerie fit celle de la droite. La Maifon du Roi en eut la tête, & fut suivie du reste de la première ligne de cette aîle, ainsi qu'elle étoit campée, la feconde ligne marcha dans le même ordre que la première. Cette colonne passa au Rœux, & de là au moulin
à vent, où elle prit le chemin de Naast. Ensuite elle
défila par la Buse, se fit des ouvertures pour éviter
quelque mauvais pas, laissa la haute Folie à droite, &
quand elle fut dans la plaine, elle doubla, en attendant
l'ordre d'entrer dans le camp.

La seconde colonne fut pour l'aîle droite d'infanterie. Bourbonnois en eut la tête, & fut suivi des Brigades de Dauphin, de Stoppa, du Roi & de Champagne. Cette colonne marcha d'abord à travers champs
le long de la tête du camp de la cavalerie de la droite,
mit le Rœux à droite & la Justice à gauche pour gagner la cense d'Ubifoffé, d'où elle prit à droite, suivit
le chemin de Naast, & en arrivant dans la plaine de
Soignies, elle doubla pour attendre des ordres.

La troisième colonne fut pour les gros & menus bagages de l'aîle droite de cavalerie & de l'aîle droite d'infanterie. Ceux de la Maison du Roi, de la Gendarmerie, de la Brigade de Montfort & de Turenne s'assemblèrent à six cens pas en avant de la Gendarmerie, &
marchèrent les premiers. Ceux des autres Brigades de
cavalerie de cette aîle s'assemblèrent à six cens pas en

avant du camp de la Brigade de Champagne, & précéderent ceux de l'infanterie. Cette colonne alla droit à la Juſtice du Rœux, qu'elle laiſſa enſuite à droite. De là, tenant Thieuſies à ſa gauche, ainſi que le chemin qui paſſe à la cenſe de Tidonſeau, & celui d'Ubifoſſé à ſa droite, elle deſcendit dans la plaine de Soignies, où elle doubla en attendant des ordres.

La quatrième colonne fut pour les gros & les menus bagages du quartier général, de l'aîle gauche de cavalerie & d'infanterie, leſquels s'aſſemblerent tous devant le village de Gottigny, auprès des Dragons qui y étoient campés, laiſſant la ravine à leur droite. Les bagages du quartier général prirent la tête, & furent ſuivis de ceux de l'aîle gauche & de l'infanterie, qui marcherent dans l'ordre marqué pour leurs troupes. Cette colonne alla paſſer dans Thieuſies, mit Saiſinne à gauche, & le chemin de Thieuſies à Soignies à droite pour enfiler celui de la cenſe de Tidonſeau, d'où elle entra dans la plaine de Soignies & y doubla en attendant des ordres.

La cinquième colonne fut pour l'aîle gauche d'infanterie. Lyonnois en eut la tête, & fut ſuivi des Brigades de Cruſſol, de Porlier, des Gardes, Royal & Navarre. Cette colonne, tenant le bois de Saint-Denys avec le camp de l'aîle gauche de cavalerie à ſa gauche, & le village de Thieuſies à trois cens pas ſur ſa droite, ſe porta à Saiſinne & à la Juſtice de Soignies. Dès qu'elle fut entrée dans la plaine, elle ſe jetta ſur ſa gauche, comme ſi elle eût voulu gagner l'arbre
du

du long Quefne, puis s'étant avancée à la diftance d'environ mille pas, elle doubla & attendit des ordres.

La fixième colonne fut pour la première ligne de l'aîle gauche. Le Meftre-de-Camp en eut la tête, & fut fuivi du refte de la première ligne dans l'ordre où elle étoit campée. Cette colonne paffa au Cafteau, traverfa la haye-le-Comte pour arriver à la cenfe d'Elcour & à Cauchie-Notre-Dame, où elle doubla, & fit alte pour attendre des ordres.

La feptième & dernière colonne fut pour la réferve & pour la feconde ligne de cavalerie de l'aîle gauche, en commençant par Courtebonne, laquelle paffa à Saint-Denys, & fuivit la réferve qui étoit campée au-delà de ce village. Cette colonne alla prendre la chauffée près de Manny-Saint-Jean, & la fuivit jufqu'à la hauteur de Neuville, où elle doubla, & fit alte pour attendre des ordres.

Les Dragons, qui étoient campés aux aîles, y marcherent fuivant l'ordre que leur donna l'Officier-Général de jour. Trois Régimens de Dragons, campés à Gottigny, fe mirent à la tête de la colonne des équipages, dont le rendez-vous étoit à leur camp. L'Officier, qui les commandoit, eut foin de faire accommoder les chemins, & fut averti de prendre fes mefures pour ne pas tomber fur les colonnes qu'il avoit à fa droite & à fa gauche.

On commanda trois cens hommes de pied, qui fervirent d'efcorte à l'autre colonne des bagages. Ils y furent partagés par pelotons de diftance en diftance. Cent en firent l'arrière-garde, & à la générale, ils fe trou-

ve-

verent tous au rendez-vous. Il y eut à la tête de cette colonne, ainsi qu'à la tête de celle d'infanterie, cinquante Maîtres, & les vieilles Gardes en firent l'arrière-garde à l'ordinaire.

Les postes d'infanterie le long des bois de la haye du Rœux, de même que les autres du Casteau & de Saint-Denys, ne revinrent qu'après avoir été relevés. On fit, pour la sûreté du camp & du fourrage, un détachement de mille fantassins, qui, étant partis à onze heures du soir, furent postés; cent au bord des bois de Mons du côté de Jurbise & du Manuy; cent dans le bois de Thauricourt; cent à Cauchie-Notre-Dame; cent à Neuville, cent cinquante à Horrues, qui envoierent un détachement à la cense de Longport; cinquante dans le bois d'Horrues; cent dans le bois de Soignies; cinquante dans le bois de Rougelin; cinquante dans le château de la Cour-au-Bois; cinquante à Megneau; cent dans le bois de Naast vers l'Hermitage; & cinquante à l'autre pointe, près de la Place aux Bois.

L'armée campa sur deux lignes vis-à-vis Soignies & son ruisseau, aiant sa droite appuiée au bois de Naast, & sa gauche à Cauchie-Notre-Dame, où l'on plaça la Brigade de Navarre. Celle des Gardes campa à Horrues, & le quartier général, qu'on établit à Soignies, fut couvert par la réserve.

M. de la Valette s'avança le même jour à Leeuse, pendant que les ennemis étoient encore à Genappe. Ils avoient

voient envoié leurs gros équipages à Waterloo, village 1692. situé sur le chemin de Bruxelles à Namur.

M. de Luxembourg, qui trouvoit à Soignies beaucoup de facilité pour ses vivres & une grande abondance de fourrages, souhaitoit que les Alliés restassent longtems dans leur position. Elle étoit d'autant plus desirable, qu'elle lui procuroit l'avantage de conserver la sienne.

M. de Boufflers se porta le 13. à Givry, & le 16. à Boussoit, tant pour consommer les fourrages entre la Trouille & la Haine, qu'afin d'être à portée de joindre M. de Luxembourg quand il seroit nécessaire.

Dès que l'armée du Roi se fut avancée à Soignies, le Prince d'Orange ordonna de grands préparatifs à Liége. Il y fit remonter par la Meuse beaucoup d'artillerie, & ne parla que de reprendre Namur.

M. de Guiscard recevoit des avis, qui lui donnoient lieu de croire que les ennemis en vouloient à cette place. Ce projet étoit entiérement conforme aux desirs des Hollandois, qui auroient voulu que le Prince d'Orange eût tout risqué pour sauver cette place pendant que le Roi travailloit à la réduire; mais comme on faisoit en même tems un embarquement sur la Tamise, & que dans l'armée des Alliés on s'entretenoit autant du siége de Dunkerque que de celui de Namur, on ignoroit de quel côté se porteroient leurs forces. Il se pouvoit que les démonstrations, qu'ils faisoient contre Namur, n'eussent d'autre objet que celui d'y attirer l'attention de M. de Luxembourg, & que leur véritable dessein fût de hazarder quelque entreprise du côté de la mer.

C'é-

C'étoit le vrai moïen d'appaiſer les mécontentemens des Anglois, qui ſouffroient impatiemment les dépenſes que leur coutoient les troupes de terre, & dont ni eux, ni leurs Alliés ne retiroient aucun fruit depuis pluſieurs années.

Dans la crainte que les ennemis n'euſſent des vûes ſur Dunkerque, le Roi ordonna à M. de Luxembourg de détacher le Régiment de Guiche vers cette place, & d'envoïer le Régiment de Bourbon à Calais. En cas que l'armée des Alliés eût envie d'en former le ſiége, l'intention de Sa Majeſté étoit que M. de Luxembourg laiſſât M. de Boufflers à la défenſe de la frontière contre les troupes qui reſteroient du côté de Bruxelles, & qu'avec ſon armée il marchât pour la ſecourir.

Les grands préparatifs que l'on faiſoit à Liége, & qui paroiſſoient menacer Namur, donnoient auſſi de l'inquiétude pour cette ville; le Roi vouloit qu'on ne négligeât abſolument rien pour empêcher les Alliés de s'en rendre maîtres. Il étoit impoſſible à M. de Luxembourg d'y donner du ſecours du côté de l'Orneau & de la Mehaigne, ſon équipage des vivres n'étant pas en état de voiturer, depuis Mons juſque-là, le pain néceſſaire pour ſes troupes.

D'ailleurs l'armée du Roi ne pouvoit former aucune entrepriſe, dont le ſuccès fût capable de la dédommager de la perte de cette place. Ainſi, ſuppoſé que les ennemis en riſquaſſent le ſiége, M. de Luxembourg ſe propoſoit de la ſecourir, en ſe portant entre Huy & Dinant. M. de Boufflers aſſuroit qu'en marchant de ce côté-là, l'armée auroit toujours les hauteurs pour elle.

Les

Les ennemis ne pouvoient tirer que par la Meufe toutes les munitions de guerre & les fubfiftances néceffaires pour entreprendre ce fiége. Tous les fourrages des environs de Namur, principalement du côté de la Mehaigne & de l'Orneau, y avoient été confommés par le long féjour des armées; ce qui portoit M. de Luxembourg à croire qu'en prenant un pofte fur la baffe Meufe, il viendroit à bout de faire lever le fiége fans coup férir, à moins que les Alliés ne fuffent en état d'affembler à Liége une affez grande quantité de batteaux, qui leur amenaffent en peu de jours tout ce dont ils auroient befoin.

Afin de ne rien négliger de ce qui pouvoit contribuer à la fûreté de cette place, M. de Boufflers eut ordre de détacher dix bataillons, qu'il efcorta jufqu'à la Sambre avec une grande partie de fa cavalerie. D'un autre côté M. de Ximenès, Gouverneur & Commandant à Maubeuge, affembla environ cinq cens chevaux, qui marcherent avec ces troupes depuis la Sambre jufqu'à Philippeville, où elles arriverent le premier d'Août, & où elles attendirent de nouveaux ordres.

Pendant que les Alliés menaçoient Namur & Dunkerque, le Roi jugeoit à propos que M. de Luxembourg s'avançât jufqu'à Halle, afin de donner au Prince d'Orange de la jaloufie pour Bruxelles. Mais comme l'équipage des vivres ne pouvoit aller au-delà d'Enghien, ni voiturer du pain que pour quatre jours, il étoit impoffible que l'armée pût féjourner long-tems à Halle. Cependant, afin de pouvoir exécuter ce que defiroit le Roi, M. de Luxembourg avoit deffein d'établir

Tome III.   K   des

des fours à Cambron, où il tenoit cent chevaux & un détachement de trois cens hommes d'infanterie. Il comptoit asſurer ſes convois, en plaçant M. de Boufflers à
Steenkerke.

Au-lieu d'attaquer, ou Namur, ou Dunkerque, les
Alliés avoient un troiſième parti à prendre. C'étoit de
combattre l'armée du Roi; après l'avoir affoiblie par des
détachemens qu'ils l'obligeroient de faire de différens
côtés. M. de Luxembourg ſe doutoit qu'ils en avoient
conçu le deſſein. Il ne ſe trompoit pas; en effet le Prince d'Orange n'étoit occupé que de ce projet.

Pour en ſauver d'autant mieux les apparences, au-
lieu d'interrompre, il fit continuer les préparatifs qu'on
avoit commencés à Liége. Le 13. il détacha pour Bruxelles le Comte d'Horn avec dix bataillons & quatorze eſcadrons; & répandit le bruit que ce détachement
devoit enſuite s'avancer ſur l'Eſcaut, & être renforcé
par des troupes, tirées des garniſons de Gand & d'Oudenarde, à deſſein d'attaquer les Lignes. Ce détachement, qui n'avoit pour but que d'obliger l'armée du
Roi à en faire un pareil, détermina M. de Luxembourg
à envoïer M. le Duc de Choiſeuil à Chièvres avec vingt
eſcadrons de Dragons & ſeize de cavalerie pour ſe rendre aux Lignes par un pont qu'on avoit jetté à Eſpier-
re; mais aiant appris que le Comte d'Horn s'étoit tenu
ſur le Canal de Bruxelles, il rappella M. de Choiſeuil.

Après tous ces mouvemens, les ennemis ſe mirent en
marche le 31. Juillet, & allerent camper, la droite à
Braine-Laleu, la gauche à Bois-Seigneur-Iſaac. Le lendemain ils paſſerent la Senne, & mirent cette rivière
der-

derrière leur camp, aiant leur gauche à Tubise.

Le même jour M. de Luxembourg marcha avec son armée à Hoves, près d'Enghien.

La marche se fit sur sept colonnes. A la générale, le campement de l'aile gauche de cavalerie s'assembla à la tête du Mestre-de-Camp, & se mit en marche à la pointe du jour pour attendre les autres au moulin à vent d'Enghien. Celui de l'infanterie & de l'aile droite s'assembla, à la générale, au camp du Régiment du Roi.

La première ligne de l'aile droite de cavalerie fit la colonne de la droite. La Brigade de Dalou en eut la tête, & marcha à colonne renversée. Elle prit le chemin de Naast à Saint-Hubert, & passa à Braine-le-Comte pour aller à Steenkerke, laissa le village à gauche, & traversa le ruisseau sur un pont que l'on avoit fait entre Steenkerke & le Stordoy, d'où elle entra dans son camp. La Brigade de Bourbonnois prit la queuë de cette colonne.

La seconde colonne fut pour la seconde ligne de l'aile droite de cavalerie. La Brigade de Montmorency en eut la tête, & marcha à colonne renversée. Elle vint passer au gué des Fours à chaux, entre Naast & Soignies, d'où elle prit le chemin de Soignies à Steenkerke qu'elle suivit, traversa ensuite le ruisseau sur le pont du village, & tenant l'Eglise à droite, elle entra dans son camp. Tous les menus bagages de cette aile & de la Brigade de Bourbonnois s'assemblerent derrière celle de Phélippeaux, & prirent la queuë de la Brigade de Montfort.

fort. Ceux de la première ligne en eurent la tête, & la Brigade de Bourbonnois marcha la dernière.

La troisième colonne fut pour la première ligne d'infanterie, en commençant par les Gardes. Cette colonne se servit des ponts qu'elle avoit auprès de son camp, & quand elle les eut traversés, elle se jetta sur la droite pour prendre la tête de la colonne. Elle fut suivie de la Brigade du Roi, qui passa aux deux ponts qu'elle avoit devant son camp, ensuite de la Brigade de Royal, qui traversa un pont à la droite du Régiment du Roi. Champagne fit l'arrière-garde de cette colonne, laquelle prit par l'ouverture que l'on avoit faite à la droite pour les deux lignes d'infanterie, qui allèrent passer aux deux ponts construits au-dessous de l'Esclatier, d'où elles continuèrent leur marche par d'autres ouvertures, qui les conduisirent à Blanc-Fossé, qu'elles tinrent à gauche. Les Brigades de la gauche passèrent le ruisseau de Hoves au-dessous du village, le laissant à gauche & Enghien à droite, pour se rendre à leur camp.

La quatrième colonne fut pour la seconde ligne d'infanterie. Lyonnois en eut la tête, ensuite Crussol, Pollier, Stoppa & Dauphin. Cette colonne passa sur le pont de la gauche qui se trouvoit auprès du Régiment du Roi. Elle continua sa marche par l'ouverture que l'on avoit pratiquée pour les deux lignes d'infanterie, & côtoïant la première ligne, elle se rendit à son camp.

La cinquième colonne fut pour tous les menus bagages du quartier général & de toute l'infanterie. Ceux des Brigades de la gauche des deux lignes marchèrent

les

les premiers, & s'assemblerent à Horrues, où étoit campée la Brigade des Gardes. Ils traverserent ce village pour aller à l'Esclatier, où ils passerent le ruisseau. De là ils marcherent à Blanc-Fossé, ensuite à Hoves, où ils se trouverent dans la plaine du camp.

La sixième colonne fut pour tous les gros bagages de l'armée. Ceux de l'aîle gauche s'assemblerent à la tête du Mestre-de-Camp, & eurent la tête de cette colonne. Les bagages du quartier général, de toute l'infanterie & de l'aîle droite de cavalerie s'assemblerent à l'arbre du long Quesne sur le chemin de Soignies à Cauchie-Notre-Dame. De l'arbre du long Quesne ils se porterent à la cense de Longpont, laisserent Cauchie-Notre-Dame à gauche, allerent de là gagner la chaussée qui les conduisit au moulin de Belle-Croix, & là suivirent jusqu'à Tierre, où ils prirent un chemin à gauche pour se rendre à Hoves, où fut le camp. La Brigade de Navarre, qui étoit campée à Cauchie-Notre-Dame, prit la tête de cette colonne, étant suivie de ses menus bagages & de ceux de l'aîle gauche.

La septième & dernière colonne fut pour l'aîle gauche de cavalerie; la Brigade du Mestre-de-Camp en eut la tête. Cette colonne, passant entre Cauchie-Notre-Dame & Louvigny, se rendit à travers champs au moulin du Graty, où elle prit le chemin d'Enghien. Mettant ensuite la Chapelle du Questrai à droite & la Belle-eau à gauche, elle alla passer le ruisseau d'Enghien à un gué qui étoit aux hayes de Marcq, laissa ce village à gauche, & entra dans son camp.

La réserve enfila le chemin de Soignies à Steenker-

ke,

ka, d'où elle alla au château de Warelle pour se rendre à son camp. Les Régimens de Dragons, destinés pour le quartier général, prirent la tête des deux colonnes d'infanterie, tenant le ruisseau de Soignies à leur gauche.

Tous les menus bagages des troupes, qui étoient campées au-delà du ruisseau de Soignies, prirent à leur tour la tête de ceux de l'aîle droite. Leurs gros bagages repasserent le ruisseau pour suivre ceux du quartier général.

Les Dragons, campés aux aîles, y marchérent, se séparérent en autant de divisions qu'en formerent les aîles, & mirent un escadron avec des outils à la tête de chaque colonne de cavalerie.

L'infanterie avoit ses travailleurs à la tête de ses colonnes, & en fournissoit à celle des bagages.

Les vieilles Gardes firent à l'ordinaire l'arrière-garde des colonnes d'infanterie & des bagages avec cinq cens hommes d'infanterie. Cent fantassins escorterent les menus bagages.

Les postes, établis dans les bois entre Soignies & Braine-le-Comte, ne retournerent au camp que vers la nuit, non plus que ceux qui étoient à la gauche du camp que l'on quittoit.

Trois cens hommes de pied borderent les bois sur la gauche de la marche, depuis Louvigny jusqu'au-delà du moulin du Graty.

On commanda trois cens chevaux, dont deux cens se tinrent sur la hauteur près de Braine-le-Comte; les cent autres allerent se poster à la tête du bois del-Houssiere pour couvrir la marche de l'armée sur la droite.

On

On envoia encore cinquante Maîtres sur le chemin de Braine-le-Comte à Tubise, outre deux partis, de cinquante hommes chacun; l'un dans le bois del-Houssière, & l'autre dans ceux qui sont entre la cense de la Genette & Rebeeck.

On commanda de plus mille cinquante hommes de pied pour les postes qui devoient assûrer le camp. Il y en eut à ceux de la droite quatre cens soixante, lesquels se rendirent à minuit au moulin à vent de Soignies.

Au moulin de Belle-Croix on plaça quatre-vingt hommes, qui garderent le château de l'Esclatier; cinquante sur le ruisseau entre l'Esclatier & Steenkerke; cinquante au gué & au pont de Steenkerke, qui envoierent quinze hommes au pont de Stordoy, & empêcherent qu'aucuns fourrageurs, ou maraudeurs ne passassent au-delà; cinquante à l'Eglise de Rebeeck; cinquante à Quenaaste; autant au château de Landa; cent trente au petit Enghien & le long du bois.

Aux postes de la gauche il y eut cinq cens quatre-vingt-dix hommes, qui, à la même heure que les autres, vinrent se rendre à la tête du Mestre-de-Camp. On en mit cinquante à Haute-Croix; cinquante à Herfelinghen; trente au cabaret de la Couronne; trente au pont de la Chartreuse; cinquante à Tolbeeck; trente dans le château entre Tolbeeck & Gammarache; cinquante à Biévre ou Biévene; cinquante aux quatre Chemins; cinquante à Saint-Pierre; cinquante à Bassilly; cinquante au château de Grand-Champ, & cinquante aux bois qui sont auprès de Saint-Marcou.

Deux cens hommes borderent le bois du Graty, autres

trement le bois d'Enghien, & M. de Luxembourg détacha encore des partis de cavalerie du côté de Halle, vers Sainte-Renelle.

L'artillerie de cette armée, qui jusqu'alors avoit séjourné sous Mons, la rejoignit, forte seulement de quarante piéces de canon. Elle marcha sur la gauche de toutes les troupes.

L'armée campa sur deux lignes. La droite, appuiée à Steenkerke, faisoit un coude à cent pas de Hoves, où fut le quartier général. La gauche, qui s'étendoit jusqu'à Herinnes, avoit derrière elle le village de Marcq & le ruisseau de même nom, vis-à-vis duquel étoit la réserve, & le centre à l'opposite d'Enghien.

La Brigade de Bourbonnois & quatre Régimens de Dragons camperent sur une hauteur qui faisoit face à l'aîle droite.

Pendant que l'armée du Roi étoit en marche, les ennemis marquoient un camp à Bellinghen; mais l'arrivée de M. de Luxembourg à Enghien les fit retourner sur leurs pas. Leur mouvement pour s'approcher de Bruxelles le délivroit de l'inquiétude qu'il avoit eue pour Namur; il ne songea plus qu'à pourvoir à la sûreté des Lignes & de Dunkerque. Pour cette raison il voulut aussi que M. de Boufflers contremandât l'infanterie qui avoit marché à Philippeville. Il avoit des avis que les Alliés devoient s'avancer dans peu à Ninove: en conséquence il envoia reconnoître plusieurs camps près de la Dendre, afin de les suivre & d'arriver au-delà de cette rivière dans le tems qu'ils y arriveroient eux-mêmes.   Le

Le Prince d'Orange aſpiroit à une bataille, comme **1692.** au ſeul moïen qui pût ſoutenir la réputation qu'il avoit <u>AOUT.</u> parmi les Alliés, & pour ſatisfaire en même tems les Anglois & les Hollandois, qu'il falloit conſoler par quelque ſuccès des frais qu'ils faiſoient pour ſoutenir cette guerre. Il avoit réuſſi à tromper M. de Luxembourg par ſes démonſtrations contre Namur & Dunkerque; il avoit auſſi découvert un eſpion que M. de Luxembourg avoit auprès de l'Electeur de Bavière. Il s'en ſervit dans ce moment pour lui donner de faux avis, & pour l'empêcher de pénétrer les deſſeins & les mouvemens des Alliés.

La plus grande partie de l'artillerie de l'armée du Roi étoit reſtée à Mons. M. de Boufflers, qui s'étoit avancé le 31. Juillet au Manny-Saint-Jean, étoit aſſez éloigné pour n'en avoir rien à craindre, ſi la marche des Alliés pouvoit être ſecrette, & ſi leurs premiers efforts étoient prompts & heureux. Le terrein, qu'occupoit M. de Luxembourg, étoit ſi coupé, que l'infanterie avoit preſque ſeule à décider du ſuccès de la bataille. Le Prince d'Orange, croïant que ce moment & cette poſition étoient favorables pour combattre l'armée du Roi, ordonna ſecretement le 2. d'Août qu'on arrêtât l'eſpion de M. de Luxembourg. Il le força de lui écrire que les Alliés feroient le lendemain un grand fourrage devant la droite de l'armée du Roi, & que pour couvrir ce fourrage, il marcheroit pendant la nuit un Corps conſidérable d'infanterie avec du canon, afin d'occuper les défilés qui ſéparoient les deux armées. Le

1692.
AOUT.

Prince d'Orange eut en même tems la précaution de faire garder exactement les environs de son camp, & la nuit du 2. au 3. il se mit en marche, résolu d'attaquer les troupes du Roi entre Steenkerke & Enghien. La lettre, que M. de Luxembourg écrivit au Roi sur cette action, est un détail exact de ce qui s'y est passé. Elle fut alors rendue publique, & comme elle contient des éloges non-suspects, soit des particuliers, soit des troupes qui s'y sont distinguées, on a cru devoir l'inférer ici pour tenir lieu de rélation.

Lettre de M. le Maréchal-Duc de Luxembourg au Roi sur ce qui s'est passé au Combat de Steenkerke.

Combat de Steenkerke.

„ Je n'avois point voulu jusqu'à cette heure, SIRE, „ m'engager dans un combat d'infanterie, parce que „ j'eusse été bien-aise que la cavalerie eût pû agir. Ce„ pendant il me fut impossible hier d'en éviter un, „ dans lequel, quoiqu'il y ait eu beaucoup d'Officiers „ tués ou blessés, j'espere que Votre Majesté ne lais„ sera pas d'en être consolée par la grande perte que les „ ennemis y ont faite, par la honte qui leur reste d'a„ voir été battus, par la manière dont ils ont fait leur „ retraite, & par la gloire que l'infanterie de Votre „ Majesté s'y est acquise.

„ La proximité, qu'il y a de ce camp à celui des „ ennemis, me rendoit attentif à être informé des „ marches qu'ils pourroient faire, sans m'attendre toute„ fois qu'ils s'aviseroient de venir à nous. Je pensois au „ contraire qu'en décampant du lieu où ils étoient, ils

„ mar-

„ marcheroient vers Ninove; & pour en être averti,
„ je tenois beaucoup de partis sur eux. Le Sieur de
„ Traffy, qui en commandoit un sur la hauteur de
„ Tubise en-deçà de la rivière, m'écrivit à la pointe
„ du jour que les ennemis, sans avoir sonné le boute-
„ selle, ni battu la générale, commençoient à se met-
„ tre en marche. Quelque tems après, il me manda
„ qu'il voioit une colonne s'avancer vers Sainte-Renel-
„ le; ce qui ne me déterminoit pas tant à croire que
„ ce fût pour venir ici, que pour reprendre sur la droite
„ & suivre le chemin de Ninove. Un Capitaine de Ca-
„ rabiniers, qui étoit au moulin de Haute-Croix, m'a-
„ vertit qu'il voioit encore une colonne de cavalerie ;
„ mais qu'il croioit que ce n'étoit qu'une escorte de
„ fourrageurs, parce qu'il en avoit vû huit ou dix s'é-
„ chapper & faucher auprès de ces troupes qui se met-
„ toient en bataille; ce qui fit prendre le parti à Mon-
„ sieur le Prince de Conty, Messieurs de Vendôme, M.
„ le Comte d'Auvergne, M. le Duc de Villeroy, M.
„ le Marquis de Tilladet, M. le Duc d'Elbœuf, M.
„ le Chevalier de Gassion, & à moi de nous avancer
„ entre Rebeeck & Steenkerke, où M. le Duc, qui
„ étoit de jour, quoiqu'un peu malade, arriva aussi-
„ tôt que nous. J'y reçus un troisième billet du Sieur
„ de Traffy, par lequel il m'apprenoit qu'il voioit
„ marcher beaucoup de cavalerie & d'infanterie, qui,
„ laissant Sainte-Renelle à droite, replioit sur le ruis-
„ seau de Steenkerke; qu'il croioit que c'étoit toute
„ l'armée; qu'il y voioit du canon, & qu'il alloit la
„ côtoier pour m'en rendre un meilleur compte. En

L 2   „ li-

,, lisant ce dernier billet d'un endroit où nous étions
,, avancés, nous vîmes beaucoup de troupes des enne-
,, mis, dont j'envoiai donner avis à M. de Boufflers,
,, qui ne perdit pas un moment pour nous venir join-
,, dre, & fit pour cela une grande diligence.

,, Cependant les ennemis faisoient alte dans une espè-
,, ce de plaine si petite, qu'elle ne pouvoit contenir que
,, peu de troupes sur plusieurs lignes (A). Nous apper-
,, çûmes qu'à la gauche de ce Corps, qui faisoit alte,
,, beaucoup d'infanterie s'avançoit dans les bois; ce qui
,, m'obligea d'envoier ordre à toute l'armée de prendre
,, les armes (B), sans pouvoir juger par où ils nous at-
,, taqueroient, croiant, comme il y avoit des bois sur
,, leur droite, qu'ils pouvoient y avancer de l'infante-
,, rie, comme ils le faisoient sur leur gauche. On pen-
,, soit même qu'ils pourroient essaier de se rendre maî-
,, tres de la ville d'Enghien, ce qui m'obligea d'y en-
,, voier une Brigade, & de prier M. le Comte d'Auver-
,, gne de retourner à l'aîle gauche qu'il commandoit.
,, Mais ils ne nous laisserent pas long-tems dans l'incer-
,, titude, & nous vîmes que laissant le ruisseau de Steen-
,, kerke sur leur gauche, toute leur infanterie s'en ap-
,, prochoit & commençoit à entrer dans le bois; ce qui
,, me fit juger, & aux meilleurs connoisseurs que moi
,, avec qui j'étois, que ce seroit par-là qu'ils feroient
,, leur véritable attaque, croiant tous, tant que nous
,, étions, pénétrer dans leur raisonnement, qui étoit
,, de penser qu'étant couverts du ruisseau de Steenkerke,
,, qui est bon, ils ne seroient pas incommodés sur leur
,, flanc par votre cavalerie, & que la leur demeurant
,, der-

„ derrière les bois, elle ne feroit pas exposée à combat-
„ tre. Ils jetterent donc toute leur infanterie de ce cô-
„ té-là, où la voiant embarquée, nous y fîmes venir la
„ plus grande partie de celle de Votre Majesté (C),
„ n'ôfant toutefois dépofter celle de la gauche, ne pou-
„ vant pas juger par la fituation du Pays ce qu'ils fai-
„ foient à leur droite.

„ La Brigade de Bourbonnois, qui étoit campée de-
„ vant la Maifon de Votre Majesté, à la tête du hameau
„ de Bœuf, auffi-bien que les Dragons de la droite, occu-
„ pa le terrein qui étoit devant elle ; & M. de Ven-
„ dôme pofta les Dragons à pied à la droite de cette
„ Brigade. Celle de Champagne, qui étoit la plus pro-
„ che, où je renvoiai M. le Duc d'Elbeuf, & à la tête
„ de laquelle étoit M. de Montal, arriva la première,
„ dont les trois bataillons de ce Corps furent poftés à la
„ gauche de Bourbonnois, & le refte, qui étoient les Ita-
„ liens, Royal-Comtois & Provence, derrière les Dragons.
„ La Brigade de Stoppa fut mife en feconde ligne
„ derrière cette première. Elle fut conduite par M.
„ de Polaftron, qui fervit fort dignement dans tout ce
„ qu'elle eut à faire, auffi-bien que la première, allant
„ par-tout où le befoin le requéroit.

„ Votre Majesté jugera bien qu'on plaçoit les Bri-
„ gades à mefure qu'elles arrivoient ; & comme l'infan-
„ terie, dont je viens de parler, étoit de la droite de
„ la première & de la feconde ligne, la Brigade des
„ Gardes, qui étoit plus éloignée, & que M. d'Ar-
„ taignan avoit même fait avancer vers Enghien, ne
„ put arriver qu'après celles dont j'ai parlé ci-deffus,
„ & fut poftée par conféquent derrière celle de Porlier,

„ é-

„ étant foutenue en cinquième ligne par la Brigade de
„ Zurlauben. Nous n'héfitâmes point à placer ce gros
„ Corps d'infanterie de cette manière, les ennemis ne
„ nous donnant pas d'inquiétude fur leur droite, où
„ il n'y avoit que de la cavalerie, fort reculée fur une
„ hauteur. Mais comme toute leur infanterie étoit
„ dans le bois, & que nous jugions que la première
„ ligne qui leur feroit oppofée, après avoir foutenu un
„ grand feu, ne pourroit peut-être pas toujours y réfif-
„ ter, on jugea qu'il falloit, pour éviter la confufion,
„ tenir ces Corps féparés les uns des autres, pour les
„ faire combattre à propos, & les envoier où il con-
„ viendroit pour le fervice de Votre Majefté.

„ La Brigade du Roi, parce qu'elle étoit plus éloi-
„ gnée, n'arriva qu'après celle-ci; & comme on s'ap-
„ perçut que fur la droite du bois, dans lequel étoient
„ les ennemis, il s'avançoit encore de l'infanterie der-
„ rière les hayes, on y oppofa cette Brigade, auffi-bien
„ que celle du Dauphin, à la réferve du Régiment de
„ Touloufe, qui fut pofté fur la gauche de Provence;
„ & M. le Duc, qui étoit de jour, pofta avec beau-
„ coup de foin toutes les troupes dans la manière ex-
„ pliquée ci-deffus.

„ Votre Maifon, SIRE, à la tête de laquelle étoit
„ M. le Duc de Choifeuil, foutenoit toute cette infan-
„ terie; & la Gendarmerie étoit fur fa gauche dans une
„ petite plaine, n'aiant pourtant point d'ennemis de-
„ vant elle (D) : & comme le terrein ne nous permet-
„ toit pas de nous étendre davantage, les Brigades de
„ Phélyppeaux & de Dalou doublerent derrière votre
„ Mai-

1692.

AOUT.

„ Maifon en feconde ligne , & la feconde ligne de l'aîle
„ droite de cavalerie avança fur une petite hauteur (E)
„ à portée de ces deux premières lignes.

„ Votre Majefté remarquera, s'il lui plaît, que lorf-
„ que je dis une plaine, c'eft parce que ce n'étoient pas
„ des bois. Car c'eft un Pays tout entre-coupé de hayes
„ à droite & à gauche, où l'on ordonna de faire des
„ paffages pour fe communiquer par les flancs, ne pou-
„ vant pas faire la même chofe en avant par les diffi-
„ cultés qui s'y rencontroient.

„ Notre difpofition étant faite de cette forte , & ne
„ croiant pas que les ennemis fuffent en état de nous at-
„ taquer fi-tôt, nous allâmes dans le cimetière de Steen-
„ kerke, où M. le Duc de Choifeuil avoit envoié les
„ Grénadiers de votre Maifon pour en garder le pont,
„ voulant découvrir de là fi les ennemis n'en pafferoient
„ pas le ruiffeau pour mettre du canon fur une hauteur
„ qui étoit au-delà , d'où ils nous auroient pû battre
„ par le flanc, & incommoder beaucoup notre infan-
„ terie. Nous reconnûmes qu'ils avoient eu la bonté
„ de n'y point penfer. Et pour voir s'ils ne feroient
„ point des ponts fur le ruiffeau , nous envoiâmes La-
„ dournac avec vingt Grénadiers à cheval, qui vit
„ qu'on ne travailloit pas; & comme nous retournions
„ vers l'infanterie, nous entendîmes un commencement
„ d'efcarmouche, qui fut bientôt fuivi du combat.

„ Il y avoit long-tems que les ennemis nous canon-
„ noient avant que l'action commençât, fans que le ca-
„ non de Votre Majefté pût répondre, parce qu'il n'é-
„ toit pas encore arrivé. Il vint bientôt après. Nous

„ en

1692.
AOUT.

„ en féparâmes des Brigades. Vigny exécuta la premiè-
„ re (*a*), tout auffi bien qu'il fe pouvoit , auprès de
„ Bourbonnois : il y eut des Officiers tués , & il fut
„ bleffé d'un coup de moufquet au bras gauche , de-
„ puis le poignet jufqu'au coude , fans que cela l'empê-
„ chât d'agir durant tout le refte de la journée.

„ Rouffel , Commiffaire Provincial , avoit une Bri-
„ gade à la gauche (*a*), qui fut fervie par merveil-
„ les jufqu'à ce que les ennemis fe retiraffent , & on
„ avoit envoié une demi-Brigade (*a*) pour oppofer à
„ du canon qui tiroit fur les Dragons , & le refte de la
„ Brigade de Champagne qui les foutenoit. Etant dans
„ cette fituation , les ennemis (H) attaquerent tout de
„ bon. Les Dragons , qui étoient à la droite dans le
„ penchant , firent à leur ordinaire des merveilles. Ils
„ étoient commandés par le Comte de Mailly & le Mar-
„ quis d'Alègre. Ce dernier eft bleffé au coude , & fit
„ à fon ordinaire tout autant bien qu'il fe pouvoit. M.
„ de Mailly a été plus heureux , s'étant tiré d'affaire ,
„ fans avoir été bleffé. Il étoit fort eftimé dans l'armée ,
„ mais il l'eft encore particuliérement dans les Dragons
„ depuis la journée d'hier , où il fit autant bien qu'on
„ pouvoit de valeur & de tête pendant tout le tems de
„ l'action.

„ Le Régiment d'Orléans étoit à la gauche des
„ Dragons , qui foutint , comme eux , toujours fon
„ pofte , fans en être jamais chaffé. Chartres étoit à
„ la gauche , tout à découvert , auffi bien que le fecond
„ bataillon de Bourbonnois. Ils firent tout ce qui fe
„ pouvoit , & le premier bataillon de Bourbonnois , où

„ é-

,, étoit le Marquis de Rochefort, foutint encore fon 1692.
,, pofte, fans y être ébranlé; c'eft aufli un témoignage, AOUT.
,, que je dois à la vérité, de dire que le Colonel eft un
,, fort joli & fort brave garçon. M. de la Vaiffe, Bri-
,, gadier de cette Brigade, y eut un cheval tué, & don-
,, na tous fes ordres fort à propos, & avec beaucoup
,, de courage & de capacité.

,, Quoique la plus grande partie de cette première
,, ligne n'eût pas perdu fon terrein, & que Chartres
,, feulement fe fût rejoint à Orléans, & le fecond ba-
,, taillon de Bourbonnois à l'autre, parce que ces deux
,, bataillons étoient à découvert fous un grand feu des
,, ennemis poftés dans le bois, M. le Prince de Conty
,, crut qu'il la devoit faire foutenir par la Brigade de
,, Stoppa, dont les bataillons étoient un peu féparés,
,, & où la bleffure que reçut le Brigadier, qui lui fra-
,, caffa le poignet, le mettant hors d'état de pouvoir
,, donner fes ordres, parce qu'il fut contraint de fe re-
,, tirer, fit que les bataillons ne marcherent pas tout-
,, à-fait aux endroits où il falloit. M. le Duc, qui étoit
,, de jour, & M. le Prince de Conty voulurent forti-
,, fier les bataillons de cette nation par la Brigade de
,, Paulier, qui marcha de fort bonne grace; mais les
,, ennemis étant avancés fur les poftes que nous occu-
,, pions encore, & le Régiment de Paulier aiant devant
,, foi cette ouverture que Chartres & Bourbonnois
,, avoient laiffée en fe refferrant à la droite & à la gau-
,, che, il effuïa un fi grand feu des ennemis, que nous
,, trouvâmes tous que c'étoit toujours beaucoup à ce
,, Régiment de fe foutenir en plaine, quoiqu'il n'avan-

„ çât pas autant que nous l'aurions defiré. Le pauvre
„ Colonel agit à fon ordinaire pour mener fon Régi-
„ ment comme il le vouloit, & tout le monde en fut
„ fort content; mais malheureufement il fut tué, &
„ malgré fa perte, Salfeguaibre, fon Lieutenant-Colo-
„ nel, tint fi bien le Régiment en cette place, qu'on
„ ne s'apperçut point de la perte qu'il avoit faite.

„ Les chofes en cet état (K), les ennemis étant for-
„ tis des bois & étant venus fort près de nous pofer
„ les chevaux de frife (L), derrière lefquels ils fai-
„ foient un feu très confidérable, tout le monde d'u-
„ ne commune voix propofa de mettre nos meilleu-
„ res piéces en œuvre, & de faire avancer la Briga-
„ de des Gardes. L'ordre ne lui en fut pas fi-tôt
„ donné, qu'elle marcha avec une fierté, qui n'étoit
„ interrompue que par la gaieté des Officiers & des fol-
„ dats. Eux-mêmes, auffi-bien que tous les Généraux,
„ furent d'avis de n'aller que l'épée à la main, &
„ c'eft comme cela qu'ils marcherent. Les Gardes Suif-
„ fes, imitateurs des François, marcherent avec la
„ même gaieté & la même hardieffe. Reinold vint pro-
„ pofer de n'aller que l'épée à la main, & Vaguenair dit
„ que c'étoit la meilleure manière. Tout auffitôt il vo-
„ la au centre de fon bataillon, & le mena à la même
„ hauteur que les Gardes, droit aux ennemis, qui ne
„ purent tenir contre la contenance auffi hardie qu'a-
„ voit cette Brigade; je dis contenance, parce qu'elle
„ ne tira pas un feul coup: mais la vigueur, avec la-
„ quelle elle alla aux ennemis, les furprit affez pour
„ qu'ils ne fiffent qu'autant de réfiftance qu'il en falloit

„ pou

„ pour en être joints, & en même tems tués de coups
„ d'épée & de pique. Tous les Gardes étant entrés
„ dans les bataillons ennemis, d'Avejean mena cette
„ Brigade avec toute la capacité & toute la valeur qu'on
„ devoit attendre de lui. Il n'y eut pas un Comman-
„ dant de bataillon qui ne fuivît fon exemple, & qui
„ ne doive être loué, auffi-bien que tous les Capitai-
„ nes, & généralement tous les autres Officiers; & on
„ peut dire que fi ce Régiment avoit été comme un
„ autre de l'armée, il auroit mérité de devenir le Ré-
„ giment des Gardes de Votre Majefté, puifque hors
„ celui des Gardes Angloifes, cette Brigade a battu
„ tous les autres Régimens des Gardes d'Angleterre.
„ Les Gardes n'avoient befoin que de leur feule valeur
„ pour les engager à bien faire; mais la compagnie,
„ qui fe trouva à leur tête, n'auroit pas peu contribué
„ à les animer, s'ils avoient eu befoin d'exemple, puif-
„ qu'ils avoient M. le Duc, M. le Prince de Conty,
„ MM. de Vendôme, M. le Duc de Villeroy, M. le
„ Marquis de Tilladet & le Chevalier de Gaffion. M.
„ de Tilladet, après avoir agi tout autant bien
„ qu'il fe puiffe, reçut en ce lieu-là une grande
„ bleffure.

„ J'avois fupplié M. le Duc de Chartres de fe tenir
„ à fa réferve, qui étoit derrière Enghien, lui donnant
„ ma parole que je trouverois un tems pour le faire
„ agir & fatisfaire à l'extrême envie qu'il avoit de don-
„ ner des marques de fon courage. Il vint me trou-
„ ver pour cela dès le commencement lorfque nous
„ obfervions les ennemis; mais pour ne point trop l'ex-

M 2   „ po-

„ poſer, je le conjurai de s'en retourner : ce qu'il fit
„ avec ſa douceur ordinaire , m'envoiant pourtant des
„ gens de ſa Maiſon pour me dire qu'il ſeroit bien-aiſe
„ de voir le commencement du combat. Comme je ne
„ me laiſſai point vaincre à leurs inſtances, M. d'Arcy
„ me vint dire de ſa part qu'il étoit ſi touché de s'en
„ aller, & avoit tant d'envie de voir quelque choſe,
„ qu'il vouloit que je le laiſſaſſe un moment. Je ne
„ pus réſiſter à ſes empreſſemens , non plus qu'aux
„ prières de M. d'Arcy. C'eſt ce qui fit qu'il demeura,
„ & que dans le commencement du combat il reçut
„ un coup dans ſon juſte-au-corps, qui traverſa d'une
„ épaule à l'autre. La frayeur, que j'eus du hazard
„ qu'il avoit couru, m'obligea de lui dire qu'il s'en re-
„ tournât à ſa Brigade ; ce qu'il me promit.

„ Après que les Gardes eurent battu les ennemis,
„ repris le canon que nous avions perdu , & pris quatre
„ de leurs pièces, M. le Prince de Conty, dont la ca-
„ pacité égale le courage, & fait qu'il a l'œil à tout
„ ce qui ſe paſſe, ſe jetta à ſon poſte naturel, qui étoit
„ ſur la droite, après avoir eu un cheval tué ſous lui
„ au commencement de l'affaire, & un autre à la tête
„ du bataillon de Paulier. Il trouva, en y arrivant,
„ que le Chevalier de Gaſſion, qui avoit remarqué que
„ quelque cavalerie des ennemis s'étoit approchée de
„ notre droite par leur gauche, s'y en étoit allé avec
„ le Chevalier d'Angoulême & avec le Régiment de
„ Dragons-Dauphin , & avoit chaſſé un bataillon
„ qui étoit poſté devant eux derrière des hayes ; &
„ comme il marchoit des troupes pour chaſſer les Dra-
„ gons

„ gons-Dauphins, il les fit foutenir par le Régiment
„ de Provence, qui chaffa les ennemis au-delà des hayes
„ jufqu'à la plaine, avec une vigueur dont le Cheva-
„ lier de Gaffion paroît fort content. Le Régiment
„ Royal-Italien, auffi-bien que Royal-Comtois, où le
„ Marquis de Bellefons avoit été déjà bleffé à mort,
„ firent tous deux ce qu'on devoit attendre de deux
„ braves Régimens. La cavalerie des ennemis (M) fit
„ quelques efforts pour foutenir & faire r'avancer leur
„ infanterie; mais le grand feu de celle de Votre Ma-
„ jefté les éloigna toujours des hayes où elle étoit
„ poftée.

„ M. le Duc, qui veut toujours être par-tout,
„ joignit M. le Prince de Conty, qu'il trouva avec
„ M. de Vendôme dans le tems que les ennemis te-
„ noient encore un petit bois fur la gauche de Proven-
„ ce; mais la Brigade de Zurlauben, qui avoit pouffé
„ jufque-là tout ce qui s'étoit oppofé devant elle, ar-
„ rivant à propos, M. le Prince de Conty leur fit met-
„ tre l'épée à la main, & après un combat affez dif-
„ puté, il acheva de chaffer les ennemis de tout le
„ bois, & les fit pofter dans les hayes jufqu'au bord de
„ la plaine.

„ Le Régiment d'Orléans & les Dragons, qui s'é-
„ toient ralliés enfemble, prirent la gauche de cette Bri-
„ gade, & par ce moien toute la ligne fut communi-
„ quée avec celle des Gardes. La cavalerie ennemie
„ (T) étoit dans la plaine en bataille fur deux lignes
„ en préfence de l'infanterie de Votre Majefté, aiant
„ un bataillon à leur droite, un autre à leur gauche,

M 3 „ &

„ & un dans le centre. Ils furent deux heures dans
„ cette situation, faisant mine quelquefois d'attaquer;
„ mais le feu, qui sortoit de nos hayes, les arrêta tou-
„ jours.

„ La cavalerie de M. de Boufflers étant arrivée, on
„ crut qu'il en pourroit faire passer quelques escadrons
„ à droite de notre infanterie. Il y marcha avec son
„ Régiment & celui du Commissaire Général (N);
„ mais les ennemis s'étoient retirés avant qu'il pût y
„ arriver.

„ Durant que les choses se passoient ainsi à la droite,
„ le Régiment de Champagne eut affaire aux Gardes
„ Angloises, qui s'en sont très mal trouvées. M. du
„ Montal, s'étant engagé à poursuivre les ennemis qui
„ se retiroient devant lui, les pressa avec une vivacité
„ extrême, & gagna beaucoup de terrein sur eux.

„ M. le Duc d'Elbeuf étoit à ce poste, d'où il ne
„ bougea depuis le commencement jusqu'à la fin, & fit
„ tout ce qu'on doit attendre d'un homme de sa nais-
„ sance & de son courage. M. d'Albergotty y fit parfai-
„ tement bien son devoir; & M. de Blainville, en le fai-
„ sant aussi à merveille, y fut fort blessé. Le bataillon
„ de Nice se trouva avec eux, qui fit parfaitement bien,
„ puisqu'il seconda Champagne; ce qui est une grande
„ louange.

„ Les choses en cet état dans les endroits dont on a
„ parlé ci-dessus, l'affaire n'étoit pas finie à la Brigade
„ du Roi, non plus qu'à celle du Dauphin. Tous les en-
„ nemis étoient battus & chassés au lieu que l'on vient
„ de

„ de dire, depuis le ruisseau de Steenkerke jusqu'à la
„ droite du bois.

„ Mais à la sortie de ce bois, c'étoit un Pays fourré
„ & coupé d'une infinité de hayes, dont ces deux Briga-
„ des ne chassoient point les bataillons qui leur étoient
„ opposés aux premières, sans en retrouver de frais qui
„ venoient pour soutenir les leurs, & d'autres qui occu-
„ poient les postes que ceux-là ne faisoient que quitter:
„ & c'est ce qui fit qu'il y eut encore un combat fort
„ chaud en ce lieu-là. Durant que nos autres troupes,
„ par des postes qu'elles avoient pris, étoient paisibles,
„ le feu y étoit fort grand. M. de Boufflers y alla quel-
„ que tems après qu'il fut arrivé; il y donna des or-
„ dres très à propos, & trouva M. du Montal, qui
„ faisoit la même chose sur la droite.

„ Pendant qu'on y combattoit, les ennemis place-
„ rent des bataillons aux hayes qui étoient sur leur
„ droite, s'étendirent considérablement vers le bois de
„ Triou, & prenoient quelque avantage sur le ba-
„ taillon de notre gauche, qui étoit enveloppé par la
„ tête & par le flanc: ce qui fit que M. de Busca
„ prit un escadron de Lorge, commandé par Bali-
„ vière, pour pousser sur le bataillon qui s'avançoit;
„ ce qui le fit reculer bien vîte.

„ Les Régimens de Dragons de Fimarcon & d'As-
„ feld du Corps de M. de Boufflers mirent pied à terre,
„ & furent postés bien à propos par lui le long des
„ hayes (O). Cela ralentit l'ardeur des ennemis par leur
„ grand feu; & Fimarcon, y faisant fort bien, y reçut
„ une très grande blessure. Ce fut-là que MM. de Ven-
„ dô-

„ dôme me vinrent dire le bon état de notre droite, leur
„ bonne volonté & leur grande envie de bien faire les at-
„ tirant par-tout où ils penſoient ſe devoir porter pour
„ cela. Quoique l'on combattît ſur la droite, je ne ſa-
„ vois point ſi on n'en faiſoit pas de même ſur la gauche,
„ les bois de Triou & du petit Enghien m'empêchant
„ de voir ſi les ennemis ſe portoient de ce côté-là. Cela
„ m'avoit obligé de prier M. du Maine, M. le Comte
„ d'Auvergne & M. de Rozen, en cas qu'ils ne fuſſent
„ point attaqués, d'eſſaïer de s'approcher du petit En-
„ ghien pour donner tout au moins de l'inquiétude
„ aux ennemis, ou pour nous aider à les battre dans
„ leur retraite, en cas qu'il y eût de l'apparence. M.
„ du Maine m'envoia dire par Vatteville que c'étoit
„ un Pays tellement fourré, qu'on n'y pouvoit met-
„ tre un eſcadron en bataille; qu'ils s'avançoient pour-
„ tant autant qu'il leur étoit poſſible, bien fâchés de
„ n'avoir rien de meilleur à faire. Il reſtoit trois Bri-
„ gades d'infanterie à la gauche, où n'étant plus
„ néceſſaires, les ennemis ne s'étant point étendus ſur
„ leur droite, on avoit cru les devoir faire revenir.
„ M. de Soubiſe amena celle de Royal, qui occupa
„ deux hayes, l'une ſur l'autre (P), à la gauche du
„ grand chemin où étoient les Dragons du Corps de M.
„ de Boufflers. Cela impoſa beaucoup aux ennemis, dont
„ le feu devint fort médiocre.

„ Tous ces poſtes étant bien établis par l'infanterie,
„ & n'aiant plus lieu de prévoir que les ennemis fiſſent
„ de nouvelles attaques, M. le Duc de Villeroy jugea
„ qu'il ſeroit fort à propos de faire paſſer les Brigades

„ de

„ de Phélyppeaux & de Dalou à la gauche de celle de
„ Royal, & de les poster en avant en un endroit un peu
„ plus ouvert, où il paroiſſoit qu'on pouvoit les mettre
„ en bataille pour ſe trouver à portée de ſuivre les enne-
„ mis dans leur retraite.

„ L'arrivée des premiers eſcadrons de cette cavalerie
„ (Q) en cet endroit fit prendre le parti aux ennemis
„ d'éloigner la leur de leur infanterie, quoique celle, que
„ M. le Duc de Villeroy avoit poſtée, eût devant elle
„ des foſſés impraticables, & des hayes au travers deſ-
„ quelles il auroit fallu néceſſairement défiler. Ce que
„ je ne jugeai pas à propos de faire, juſqu'à ce que la
„ Brigade de Lyonnois & celle de Navarre, qui arri-
„ voient (R), fuſſent poſtées à la pointe du bois de
„ Triou, à notre gauche, comme une partie de l'infan-
„ terie l'étoit à la pointe du bois du Bosquet où elle a-
„ voit combattu, voulant que la droite & la gauche de
„ la cavalerie, que l'on auroit pû faire paſſer, fuſſent
„ couvertes par l'infanterie.

„ Le Régiment de Senectere, que M. le Duc de Vil-
„ leroy avoit pris en paſſant auprès de la réserve, fut
„ placé par ſon ordre à la gauche de la cavalerie, & il
„ le fit avancer à des hayes qui communiquoient au
„ bois de Triou, juſqu'où il marcha avec la Brigade
„ de Lyonnois; & la tête de Navarre arrivant, M. le
„ Duc de la Rocheguyon occupa une haye auprès de la
„ cavalerie. Les ennemis, nous voiant dans cette ſitua-
„ tion ſur les ſept heures du ſoir, ne ſongerent plus
„ qu'à la retraite (V); les bataillons les plus avancés
„ ſe retirerent à ceux qui étoient derrière, & inſenſible-

Tome III.   N   „ment

„ ment se trouverent dans le chemin, qu'ils avoient fait
„ le matin pour nous venir attaquer, qui passe entre
„ Rebeeck & Sainte-Renelle. Nous les suivîmes une
„ grande demi-lieuë, sans trouver de jointure pour les
„ charger. Dès que leur cavalerie (T) commença à dé-
„ marcher de la hauteur où elle étoit, elle disparut si
„ vîte, que quand nous y arrivâmes, nous ne vîmes
„ plus d'escadrons.

„ Pour l'infanterie, qui avoit un Pays fourré & plus
„ favorable, elle se retira en bon ordre (V); & la nuit
„ étant venue, je crus qu'il valoit mieux faire rentrer
„ l'armée de Votre Majesté dans son camp, que de nous
„ attacher à une poursuite inutile.

„ M. le Duc de Barwick se trouva dès le commen-
„ cement, lorsque nous allions reconnoître les enne-
„ mis, & agit durant tout le combat aussi bravement
„ que j'ai rendu compte à Votre Majesté qu'il avoit fait
„ la campagne passée. Le Comte de Livan étoit avec
„ lui, en qui nous avons remarqué bien de la valeur &
„ de l'intrépidité, dont il avoit donné des marques en
„ Irlande. Je puis assûrer Votre Majesté qu'il est un
„ très bon Officier & très capable.

„ M. de Guldenleu s'est aussi trouvé depuis le com-
„ mencement du combat jusqu'à la fin, avec le Comte
„ de Bielke & le Colonel Tremble, aiant marqué beau-
„ coup de valeur, aussi-bien que ces Messieurs qui l'ac-
„ compagnoient.

„ C'est avec une grande douleur que je ferai ici l'é-
„ loge de M. de Turenne. Nous le trouvâmes aux
„ Gardes; il étoit de jour: mais sa bonne volonté le
„ por-

„ portoit, autant que son devoir, par-tout où il y avoit
„ quelque chose à faire. Aiant trouvé qu'il n'avoit fait
„ que trop, je le renvoiai à sa Brigade après la charge
„ des Gardes; mais malheureusement il la quitta, &
„ vint dans le poste qu'occupoit Fimarcon, où il reçut
„ la blessure qui fait perdre à Votre Majesté un homme
„ qui l'auroit très bien servie.

„ Je n'ai point voulu parler du Major-Général, par-
„ ce que sa fonction l'engageant à être par-tout, on
„ ne pourroit le placer en un lieu fixe; mais je puis ré-
„ pondre à Votre Majesté qu'il a rempli tous ses de-
„ voirs & au-delà, se trouvant dans tous les endroits
„ nécessaires, & y faisant par-tout ce que Votre Ma-
„ jesté lui a vû faire.

„ Je ne m'étendrai pas davantage à louer tous ceux
„ qui méritent de l'être; il faudroit commencer par
„ tous les Officiers-Généraux, & finir par le dernier
„ soldat, tout le monde aiant fait son devoir au-delà
„ de tout ce que je pourrois vous en dire.

„ Le Mylord Lucan parla hier au Gouverneur d'un
„ jenne Seigneur d'Ecosse, qui venoit de Bruxelles
„ chercher son corps sur le champ de bataille. Ce Gou-
„ verneur lui dit tout bas à l'oreille & en confidence
„ que des Anglois & des Ecossois il étoit resté trois
„ mille hommes sur le champ de bataille, & que de
„ ces deux nations ils avoient encore plus de trois mille
„ blessés.

„ Les Danois sont presque entièrement défaits, & en
„ comptant l'échec qu'ont souffert les autres nations,
„ la perte des ennemis est assûrément très considérable.

1692.
AOUT.

N 2 „ Un

„ Un Sommelier François, qui eſt à M. d'Ouverker-
„ que, a dit à un de mes Gardes qu'ils tenoient parmi
„ eux qu'ils avoient perdu plus de dix mille hommes,
„ & je penſe qu'on peut compter au moins ſur cela.

„ Nous croions avoir huit ou neuf drapeaux. Il y en
„ avoit un dans le Régiment de Champagne, que les
„ ſoldats déchirerent, & deux dans le Régiment du Roi,
„ dont on n'en a retrouvé qu'un. On n'en porte que
„ cinq à Votre Majeſté.

„ Il y a eu dix piéces de canon priſes, que j'ai en-
„ voiées à Mons. M. de Bagnoles a les états des priſon-
„ niers, qui ſe montent à treize cens & tant, dont la plû-
„ part ſont extrêmement bleſſés, ſans compter les Offi-
„ ciers, dont on enverra inceſſamment la liſte à Votre
„ Majeſté".

Du Camp de Hoves, le 4. Août 1692.

La perte, que fit l'armée du Roi, ſe monta à ſix ou ſept
mille hommes tués ou bleſſés; celle des Alliés fut d'un
tiers plus conſidérable, non compris les priſonniers.

On attribua l'avantage, qu'eurent les ennemis au
commencement de l'action, au grand nombre de fuſils
qu'ils portoient, & dont preſque toutes les troupes
étrangères, ſur-tout les Anglois, étoient armés. Les
troupes du Roi avoient conſervé les mouſquets, & ce
fut cette différence dans les armes qui rendit le feu des
Alliés fort ſupérieur à celui de l'infanterie Françoiſe. U-
ne pareille épreuve devoit fixer à cette campagne l'épo-
que de la ſuppreſſion des mouſquets. En effet le Roi en
for-

forma le deſſein, & ſur le compte que M. de Luxembourg rendit de cette action à Sa Majeſté, Elle ſe propoſa d'armer toute ſon infanterie de piques & de fuſils. Elle en écrivit même aux Généraux de ſes armées, auxquels Elle enjoignit de prendre à ce ſujet l'avis des plus habiles Officiers, afin qu'à leur retour ils décidaſſent conjointement ce qu'ils jugeroient être le plus utile pour ſon ſervice. Mais d'un côté la difficulté de fournir des fuſils aux deux tiers de l'infanterie pendant le quartier d'hyver, & de l'autre, un ancien préjugé pour les mouſquets dont l'uſage paroiſſoit meilleur lorſqu'il s'agiſſoit d'un feu de durée, firent prendre le parti de n'armer de fuſils qu'un tiers de chaque compagnie; le reſte fut muni de piques & de mouſquets.

Malgré l'avantage, que venoient de remporter les troupes du Roi, elles n'étoient pas en état de tenter aucune entrepriſe. Néanmoins cet évenement ſuffiſoit pour diſſiper l'inquiétude que Sa Majeſté & M. de Luxembourg avoient eue pour Namur.

Les effets, que produiſit le combat parmi les Alliés, furent d'occaſionner une grande déſertion dans leur armée, d'intimider leurs troupes, & de diminuer la confiance qu'elles avoient dans le Prince d'Orange. Cette action au contraire ſervit à augmenter le crédit des armes du Roi, & à convaincre l'infanterie Françoiſe de l'avantage qu'elle avoit ſur l'infanterie étrangère, en marchant à elle pour faire ceſſer ſon feu.

Deux jours après le combat, il ſe paſſa une autre petite affaire, qui fit aſſez connoître le découragement, répandu dans les troupes des Alliés. M. de Roſen, étant al-

1692.
AOUT.
allé avec cinq cens chevaux & cent Dragons reconnoître le chemin de Haute-Croix au camp des ennemis, rencontra la tête de leurs troupes qui alloient au fourrage fous l'escorte d'environ deux mille chevaux. Il en attaqua dans une petite plaine trois troupes, qui formoient leur avant-garde. Elles plierent au premier feu, & le reste de l'escorte se retira promptement au camp, sans vouloir entrer en action.

Après le combat, les deux armées resterent tranquilles pendant quelque tems. M. de Boufflers ramena son Corps au Manny-Saint-Jean, & y fut joint le 8. par le détachement qu'il avoit envoié à Namur.

L'armée du Roi n'avoit d'autre objet que celui d'observer les mouvemens des Alliés. Elle attendoit qu'ils quittassent les environs de Bruxelles pour se régler sur leurs démarches. Il étoit vraisemblable que le Prince d'Orange chercheroit plûtôt à agir du côté de la mer que sur la Meuse. Son infanterie étoit dans l'impuissance d'entreprendre un siége, tel que celui de Namur, & en s'approchant de la mer, il pouvoit être promptement renforcé par celle qui étoit en Angleterre.

M. de Luxembourg, persuadé que les Alliés prendroient bien-tôt la résolution de marcher vers l'Escaut & vers la Lys, voulut les prévenir au-delà de la Dendre. Afin de n'avoir pas une longue marche à faire le jour qu'il passeroit cette rivière, il décampa le 11. pour aller camper à Bas-Silly.

Marche.
de Hoves à
Bas-Silly.
La marche se fit sur six colonnes. L'aîle droite de cavalerie fit la colonne de la gauche. La Brigade de Mont-

Montmorency en eut la tête, & fut suivie de celles de
Turenne, de Montfort, de Dalou, de Phélyppeaux, de la Gendarmerie & de la Maison du Roi. Cette colonne, partant de son camp, marcha à Blanc-Fossé, & passa par des ouvertures, laissant la Chapelle du Questray à droite. De là elle poursuivit sa marche entre le moulin de Crenet & la cense des Blancs-Moines. Elle alla ensuite à travers champs entre Bas-Silly & la Chapelle de Saint-Marcou, où fut le camp.

La seconde colonne fut pour le trésor, pour les équipages du quartier général & pour ceux de l'aîle droite de cavalerie & d'infanterie, qui eurent leur rendez-vous derrière le Régiment de Paulier. Cette colonne tint le chemin de la cense Rouge, & mettant la haye Alard à droite, elle entra dans la plaine du camp.

La troisième colonne fut pour la droite de l'infanterie, dont la Brigade de Stoppa eut la tête, & fut suivie de celles de Dauphin, des Gardes, du Roi & de Champagne. Cette colonne, sortant de son camp, alla passer au pont que l'on avoit dressé à la gauche, d'où, laissant la cense Rouge à gauche, elle continua sa marche par des ouvertures qu'on avoit faites, & mit la haye Alard à sa droite pour entrer dans la plaine du camp.

La quatrième colonne fut pour la gauche de l'infanterie, dont la Brigade de Paulier eut la tête, suivie de celles de Crussol, de Lyonnois & de Solre. Cette colonne passa au pont de la droite, côtoya la marche de l'autre colonne d'infanterie, & la laissant à gauche, elle trouva toujours des ouvertures jusqu'à la plaine du camp.

La cinquième colonne fut pour l'artillerie & pour les
équi-

équipages de l'aîle gauche de cavalerie & d'infanterie, aiant son rendez-vous à la réserve, qui marcha à la tête de l'artillerie avec ses bagages. Cette colonne suivit le grand chemin d'Enghien à Leſſinnes, paſſa par le moulin du Queſne, où l'artillerie fit alte, & ſe trouva dans ſon camp. La réſerve continua ſa route par le bois de Leſſinnes avec ſes équipages, & ſe rendit dans une petite plaine entre ce bois & le fauxbourg de Leſſinnes, où fut ſon camp.

La ſixième colonne fut pour l'aîle gauche de cavalerie dont la Brigade de Courtebonne eut la tête, ſuivie du reſte de la ſeconde ligne de cette aîle ainſi qu'elle étoit campée, enſuite de la Brigade de Rottembourg & du reſte de la première ligne. Cette colonne alla paſſer au moulin de Many au-deſſous de Marcq, prit la route de Bievre, pour ſuivre le grand chemin qui conduit aux quatre Cheminées, & laiſſant celui de Bievre à droite, elle entra dans ſon camp.

La Brigade de Navarre envoia ſes équipages avec la réſerve. Cette Brigade ſuivit l'aîle gauche de cavalerie, & marcha après Saint-Simon.

La Brigade de Bourbonnois fit partir ſes équipages avec ceux de l'aîle droite. Cette Brigade marcha après les Gardes du Roi.

La Brigade de Champagne & celle de Bourbonnois campèrent à la droite de l'armée; celles de Zurlauben & du Roi devant la gauche. On envoia les trois bataillons de Royal avec la réſerve, & dont on détacha cent cinquante hommes, qui prirent poſte au pont qui ſépare la haute ville de Leſſinnes d'avec la baſſe. Pendant le
jour,

jour, ce détachement dépêcha des corps-de-garde à la haute ville dans les endroits les plus élevés pour découvrir dans la plaine, & pour empêcher qu'on n'entrât dans Leſſinnes, ni que perſonne logeât dans la haute & baſſe ville.

La veille on donna ordre à cent cinquante hommes d'occuper pluſieurs endroits dans le bois d'Ollignies, d'où ils ſe retiroient la nuit dans le château.

On envoia auſſi deux cens hommes en parti dans le bois d'Acre. Le Commandant eut ſoin de ſe retirer pendant la nuit avec tout ſon détachement dans le château de Bièvre, & de n'y en laiſſer le jour que cinquante, tout le reſte étant ſéparé dans ce bois en pluſieurs poſtes.

La Brigade, qui étoit à la gauche, détacha quarante hommes pour l'Hermitage de Leſſinnes. Quarante autres furent mis au château de Grand-Champ, & autant à celui de Touricourt.

On commanda pour la colonne du tréſor trois cens hommes, qui y furent placés par pelotons de diſtance en diſtance. On donna auſſi des détachemens à la colonne des équipages, qui ſuivit l'artillerie.

L'armée campa ſur deux lignes, la droite appuïée au bois d'Enghien, la gauche à celui de Leſſinnes. Le quartier général fut à Bas-Silly. La réſerve eut ſa gauche au fauxbourg de Leſſinnes, où étoit le quartier de M. le Duc de Chartres.

Le 12. on établit quatre ponts ſur la Dendre; deux au-deſſus, & deux au-deſſous de Leſſinnes, afin qu'on pût aller camper au-delà de cette petite ville quand on le jugeroit à propos.

M. de Luxembourg étoit informé que les ennemis ne tarderoient pas à se porter à Ninove, & comme il trouvoit peu de fourrages aux environs de son camp, il le quitta le 15. pour camper dans la plaine de Lessinnes.

On sonna le boute-selle, on battit la générale à la pointe du jour.

Le campement se trouva près de Lessinnes une heure avant le jour. La réserve monta à cheval au moment que l'on battit la générale. Elle fut suivie de ses équipages, & traversa les ponts que l'on avoit jettés au-dessus de Lessinnes, d'où, en suivant le chemin pour ne pas gâter les fourrages, elle alla se mettre en bataille près de Wannebecq. Les Brigades de Navarre & de Lyonnois marcherent à la générale, aiant leurs équipages à leur suite. Elles passerent sur le pont de la gauche, le plus voisin de Papegnies, & attendirent dans la plaine de Lessinnes que leur camp fût marqué. Le reste de l'armée ne partit qu'après que tous les bagages eurent défilé.

La colonne de la droite fut pour l'artillerie. Elle fut suivie des gros équipages de la première ligne, qui marcherent comme ils étoient campés. Cette colonne prit le chemin qui va du moulin du Quesne au château du bois de Lessinnes, qu'elle laissa à gauche. Elle tint ce chemin jusqu'à la dernière maison, où elle trouva une ouverture pour aller passer sur la digue d'un grand étang au-dessus de l'Hermitage. Ensuite elle vint traverser le

pont

pont de la droite des deux qu'on avoit dressés au-dessous de Lessinnes, d'où elle entra dans la plaine du camp.

La seconde colonne fut formée de tous les menus bagages de la première ligne. Elle côtoia la colonne de l'artillerie, marcha par des ouvertures pour aller passer entre l'Eglise & le château de Lessinnes, de là au pont qui étoit au-dessous & le plus voisin de la ville, par où elle entra dans le camp.

La troisième colonne fut pour les menus bagages de la seconde ligne. Cette colonne côtoia celle des menus bagages qui étoit à sa droite, marcha entre l'Eglise & le château de Lessinnes, & traversa la Dendre sur le pont qui étoit au-dessus & le plus près de cette ville.

La quatrième colonne fut pour le trésor & pour le quartier général, suivis des gros équipages de la seconde ligne. Cette colonne laissa celle des menus bagages à sa droite, & alla d'ouvertures en ouvertures gagner un chemin qui s'étendoit le long du bois, en tenant l'Eglise du bois de Lessinnes à droite. De là elle suivit le grand chemin de Lessinnes, où entrerent les équipages du quartier général. Les autres allerent passer au pont de la gauche au-dessus de Lessinnes pour entrer dans le camp.

La première ligne des deux aîles de cavalerie, en commençant par la gauche, suivit la colonne des gros bagages de la première ligne, qui étoit celle de la droite.

La première ligne d'infanterie, en commençant par la gauche, suivit la seconde colonne, composée de menus bagages, & qui passoit au-dessous de Lessinnes, près de cette ville.

La

La seconde ligne d'infanterie, en commençant par la gauche, marcha à la suite de la troisième colonne, qui passoit au-dessus de Lessinnes.

La seconde ligne des deux aîles de cavalerie, en commençant par la gauche, défila après la quatrième colonne, qui étoit celle de la gauche.

Les Dragons demeurerent en bataille dans leur camp, jusqu'à ce qu'on leur eût donné ordre de marcher. Les vieilles Gardes firent l'arrière-garde à leur ordinaire.

Pour assûrer la marche, on envoia deux cens hommes dans le bois d'Acre, & pareil nombre dans ceux entre Guillenghien & Ollignies. On envoia aussi deux cens chevaux & cinquante Dragons entre Guillenghien & Mêlin - l'Evêque pour observer le côté d'Ath.

L'armée campa sur deux lignes ; la droite à Lessinnes où étoit le quartier général ; la gauche au-delà du moulin de la Hamaïde, le ruisseau d'Acre faisant face au camp. La réserve campoit derrière l'aîle droite, aiant sa gauche à Wannebecq, où fut établi le quartier de M. le Duc de Chartres.

Le même jour M. de Boufflers s'avança à Chièvres pour être à portée de joindre l'armée, ou de marcher aux Lignes selon le besoin.

Le lendemain M. de Luxembourg ordonna un grand fourrage entre le ruisseau d'Acre & Grandmont. Le 18. il en fit faire un autre entre cette place & Ninove, afin d'en priver les Alliés, qu'il savoit être dans le dessein de venir bientôt sur la Dendre.

Le parti, qu'avoit pris le Roi au commencement de
la

la campagne, de faire marcher en Flandre une partie des troupes qui étoient fur les autres frontières du Roïaume, avoit donné au Duc de Savoye la facilité de pénétrer en Dauphiné. Les progrès de ce Prince obligerent le Roi d'y envoier des troupes. En conféquence M. de Luxembourg reçut ordre de détacher de fon armée cinq Régimens de Dragons, qui partirent de Leffinnes pour s'y rendre. Le Roi y ajouta huit bataillons qui étoient en Normandie, & dont cinq étoient deftinés à renforcer l'armée de Flandre, en cas que les troupes, qui étoient en Angleterre, joigniffent le Prince d'Orange. Ces troupes avoient mis à la voile le 5. Août, fans qu'on fçût leur deftination, & la flotte, qui les portoit, après avoir tenu la mer pendant cinq à fix jours, étoit rentrée dans les ports. De quelque côté qu'elles allaffent, elles inquiétoient l'efprit du Roi. Au lieu de paffer en Flandre, elles pouvoient tenter une defcente fur les côtes, & obliger M. de Luxembourg d'y envoier des troupes. Prenoient-elles le parti d'entrer en Flandre, elles donnoient au Prince d'Orange une fupériorité, dont il pouvoit profiter pour combattre l'armée du Roi.

Peu de jours après qu'elles furent rentrées dans les ports d'Angleterre, elles reçurent ordre de débarquer en Flandre. Le Prince d'Orange, qui croioit s'en fervir du côté de Dunkerque plus utilement que contre les côtes, fe mit auffi en marche pour s'approcher de la mer. Il partit de Halle le 19., & alla camper à Saint-Martin-Lennicke. Le lendemain il paffa la Dendre, & campa à Ninove, où il mit fa gauche.

O 3　　　　　　　　　　　　　　M.

M. de Boufflers s'avança en même tems à Frasne sur la Ronne, afin d'être à portée de joindre promptement l'armée.

Dès que les ennemis eurent passé la Dendre, ils semerent le bruit qu'ils livreroient une seconde bataille ; cependant la nuit du 25. au 26. ils décamperent pour Gavre sur l'Escaut. A la première nouvelle de leur marche, M. de Luxembourg fit partir pour Ellezelles six Brigades d'infanterie, avec l'artillerie. Il attendit avec le reste de ses troupes qu'il eût des nouvelles plus certaines de leurs mouvemens, & quand il sut que la tête de leur armée n'étoit qu'à une lieuë & demie de Gavre, il marcha avec la sienne à Pottes.

Marche de Lessinnes à Pottes.
La marche se fit sur six colonnes ; le boute-selle & la générale une heure avant le jour. La colonne de la droite fut pour l'aîle gauche de cavalerie. Aussitôt qu'elle fut à cheval, elle s'avança de front jusqu'auprès du village de Wodecq pour ne pas couper les colonnes qui marchoient sur sa gauche. Pour lors défilant par la gauche, elle passa sur le pont du village & sur celui, qu'on avoit dressé au-dessus, pour aller au moulin du Sablon, où elle fit alte jusqu'à ce que l'artillerie eût passé le village d'Ellezelles. Elle continua ensuite sa marche par le moulin de l'endroit, & traversa le bourg de Renay, d'où, laissant le ruisseau & Amougies à sa gauche, elle alla passer au pont à Ronne, & de là au Pont-à-Laye, où elle se trouva dans le camp.

La seconde colonne fut pour l'artillerie, pour les bagages de l'aîle gauche de cavalerie & d'infanterie. Cette
co-

colonne mit Wodecq à droite pour gagner l'Eglise d'Ellezelles, d'où elle fuivit le chemin de la Chapelle de la
Trinité, qu'elle tint à gauche. Elle defcendit enfuite à
Renay, & le laiffant à droite, elle marcha à Amougies
& au Pont-à-Laye, qu'elle laiffa auffi du même côté
pour venir paffer à un pont qui étoit au-deffus, & d'où
elle entra dans fon camp. L'infanterie, qui étoit campée près de la Chapelle d'Elbrière, ou de la Trinité,
eut la tête de cette colonne.

La troifième colonne fut pour les bagages du quartier général, de l'aîle droite de cavalerie & d'infanterie,
qui fuivirent le chemin de Leffinnes à la Hamaïde. Cette
colonne, marchant à la tête du camp, alla paffer à Ronfart, le laiffa à gauche, prit par des ouvertures faites
exprès, tint à gauche le château & le moulin de Hubermont, fe porta à la Chapelle de Croix-à-Pille, de là
à Waudripont, & à Anffureulle qu'elle mit à gauche,
ainfi que le moulin d'Efcanaffe, pour paffer fur un des
trois ponts que l'on avoit jettés près du Pont-à-Laye, &
prit celui du milieu pour entrer dans fon camp.

La quatrième colonne fut pour la première ligne d'infanterie, en commençant par la gauche. Cette colonne
laiffa le moulin de la Hamaïde à droite & le château à
gauche pour paffer à Ronfart, d'où elle coula le long
du bois & pouffa fa marche à Hubermont, au moulin
de Cayeux, à Saint-Sauveur, à Dereniau, au moulin
d'Anffureulle, & à celui d'Efcanaffe qu'elle mit à fa droite. Elle paffa enfuite fur un des trois ponts que l'on
avoit jettés près du Pont-à-Laye, & prit celui de la gauche pour fe rendre dans le camp.

La

La cinquième colonne fut pour la seconde ligne d'infanterie, en commençant par la gauche. Cette colonne
prit à la droite de l'Eglise & du château de la Hamaïde pour traverser le bois par le chemin de Traine-Fo-
lio. De là elle marcha au château d'Anvain, puis à Ar-
ques, ensuite à Celles, & enfin au moulin des Aulnes,
où elle entra dans la plaine du camp.

La sixième colonne fut pour l'aîle droite de cavalerie, suivie de la réserve ; la gauche de la seconde
ligne eut la tête de la marche. Cette colonne laissa
Wannebecq à gauche pour gagner Oedeghien, Buisenal, Frasne, Forest & Velaines, où campa la réserve.
L'aîle droite poussa sa marche jusqu'à Celles, où fut
son camp. On envoia quatre cens hommes dans les bois
de Cocambre à la droite de l'armée, autant dans ceux
de la Hamaïde & de Buisenal. On mit huit cens hommes dans les deux colonnes des bagages.

L'armée campa dans la plaine de Pottes, aiant la
droite près de Molembais. La gauche se reploit en potence, faisoit face à l'Escaut, & étoit appuiée au ruisseau de Seble. Le quartier général étoit au petit château du Quesnoi. M. de la Valette campoit avec sa
cavalerie au pont d'Espierre de l'autre côté de la rivière, & M. de Boufflers près d'Hérines.

En partant de Ninove, le Prince d'Orange avoit
fait passer l'Escaut à une partie de ses troupes, & avoit
poussé son avant-garde jusqu'à Nazareth. Le 27. il
traversa la Lys à Deinse avec son armée, dont il fit
un gros détachement dans l'idée de s'emparer de Courtrai,

trai, & d'obliger celle du Roi de rentrer dans ses Lignes. M. de Luxembourg ne fut pas plûtôt averti de cette marche, qu'il ordonna à l'armée de passer l'Escaut & de marcher à Harlebeck. Il prit en même tems les devans avec la Maison du Roi & six Brigades d'infanterie, afin d'empêcher les Alliés d'occuper cette place. Les ennemis, voiant la tête des troupes du Roi arrivée à Courtrai, n'hésitèrent point à retourner sur leurs pas. Ils placèrent leur gauche au-dessous de Deinse, & leur droite à un ruisseau qui tombe dans la Mandelle à Dentergem.

La marche de l'armée du Roi à Harlebeck se fit sur quatre colonnes. L'aîle droite, en commençant par la Maison du Roi, eut la colonne de la droite, & passa sur le pont de la droite près de Bossut. Elle marcha à Hestrud, à Otteghem, au cabaret de la Trompe & au pont Marquette, d'où, laissant Derlick à droite, elle entra dans la plaine du camp.

Marche de Pottes à Harlebeck.

La seconde colonne fut pour l'aîle droite d'infanterie, en commençant par Champagne. Cette colonne traversa l'Escaut entre Pottes & Helchin, d'où elle marcha droit à Monne. Elle côtoïa ensuite le chemin d'Espierre à Harlebeck jusqu'à Zuevelghem, & quand elle fut au-delà de ce village, elle poursuivit sa marche dans la plaine pour se rendre entre Courtrai & Harlebeck, & se trouva dans celle du camp.

La troisième colonne fut pour l'aîle gauche d'infanterie, dont Navarre eut la tête. Cette colonne, après avoir traversé l'Escaut entre Espierre & Helchin, suivit

pen-

pendant quelque tems le chemin d'Espierre à Harlebeck. Elle prit ensuite celui de Courtrai entre Belleghem & Zuevelghem, & en approchant de la ville, elle la laissa à gauche pour entrer dans la plaine du camp.

La quatrième colonne fut pour l'aile gauche de cavalerie & la réserve. Cette colonne passa l'Escaut près d'Hérines, tint Espierre à droite pour arriver à Dottignies & à Belleghem, d'où elle se rendit à la droite du camp. Les bagages suivirent les colonnes de leurs troupes, & marcherent dans le même ordre.

On commanda quatre cens hommes de pied pour l'escorte des bagages des deux colonnes de la droite, & deux cens autres qui escorterent ceux des deux de la gauche. On envoia trois cens chevaux & cent Dragons au mont de Tieghem, afin de couvrir la marche de l'armée du côté d'Oudenarde. L'artillerie prit le chemin de Dottignies, où elle parqua.

L'armée eut Courtrai derrière sa droite, qui faisoit un coude; sa gauche s'étendoit vers Beveren. Le quartier général fut à Harlebeck.

M. de Luxembourg avoit d'abord été d'avis d'appuier sa gauche à Desselghem; mais il comprit que son armée auroit eu trop de bois à son flanc & au front de la gauche. Il préféra de s'étendre sur la droite.

Dans la position où étoient les Alliés, ils avoient moïen de faire marcher des troupes du côté de Dixmude, & de donner de l'inquiétude pour cette partie. Afin de prévenir leurs desseins, la nuit du 27. au 28. on fit partir pour Ypres M. de la Valette avec vingt-huit esca-

cadrons & quatre bataillons. La cavalerie de M. de
Boufflers resta à Dottignies pour assûrer les Lignes d'Espierre ; mais son infanterie marcha à Menin avec l'artillerie des deux armées.

Le 29. M. de Luxembourg commanda à ses troupes
de passer la Lys. Elles y étoient plus à portée de s'opposer aux mouvemens des ennemis, qui, aiant traversé cette rivière près de Deinse, pouvoient faire avancer
des troupes du côté de Furnes & des Lignes.

La marche de l'armée du Roi se fit sur quatre co-   Marche
d'Harle-
beck à
Courtrai.
lonnes ; le boute-selle & la générale au jour.

L'aîle droite de cavalerie, en commençant par la Maison du Roi, eut la colonne de la droite. Elle traversa
le pont d'Harlebeck, & tint Curne à gauche pour passer le ruisseau de Heulle sur le pont de Watermeulle,
d'où elle entra dans son camp.

La seconde colonne fut pour l'aîle gauche d'infanterie, en commençant par Champagne. Cette colonne
passa la Lys sur le pont du moulin d'Harlebeck, marcha à Curne, & y traversa le ruisseau pour entrer dans
la plaine du camp.

La troisième colonne fut pour l'aîle droite d'infanterie, dont Navarre eut la tête. Cette colonne traversa la Lys au pont de la droite que l'on avoit fait au-
dessus du ruisseau de Heulle, & marcha entre Courtrai
& le ruisseau pour aller à son camp.

La quatrième colonne fut pour l'aîle gauche de cavalerie, le Mestre-de-Camp en eut la tête. Cette colonne passa au pont le plus voisin de Courtrai, laissa le

faux-

1692. fauxbourg à cent pas fur la gauche pour gagner Moor-
AOUT. feelle, où elle fe trouva dans le camp.

Les bagages du quartier général pafferent dans Courtrai; ceux des troupes les fuivirent. On appuia la droite à la ville, où fut le quartier général, & la gauche
au village de Moorfeelle, le ruiffeau de Heulle vis-à-vis
l'armée.

La réferve fut poftée à Wevelghem, où M. le Duc
de Chartres prit fon quartier.

On applanit, jufqu'au ruiffeau de Heulle, tout le terrein qui étoit à la tête du camp, afin que la cavalerie
pût agir en cas d'affaire.

En même tems que M. de Luxembourg paffa la Lys,
M. de Boufflers s'avança à Ypres avec onze bataillons de
l'armée qu'il commandoit. Le refte de fon infanterie
marcha à Roefbrugge fous les ordres de M. de la Valette, avec un Régiment de cavalerie & un de Dragons,
afin d'avoir une tête au-delà de l'Yfer, & de prévenir
les ennemis entre cette rivière & le canal d'Honfcote.

SEPTEM-   Les troupes d'Angleterre, au nombre de quinze ba-
BRE.   taillons, étant débarquées à Oftende le premier de Septembre, & la marche du Prince d'Orange donnant à
connoître que tous les efforts des Alliés tomberoient fur
le Pays & les places du côté de la mer, le Roi & M. de
Luxembourg s'occuperent des moïens de les rendre inu-
tiles. Depuis la mort de M. de Louvois, arrivée pendant la campagne de 1691., le Roi fe faifoit rendre
compte directement par fes Généraux, non feulement
de leurs projets; mais encore des mouvemens des armées
que

que Sa Majesté confioit à leur conduite. Elle entroit là-
dessus dans des détails très circonstanciés, & dirigeoit,
de concert avec eux, les opérations sur toutes les frontières. Cependant celles de Flandre l'occupoient plus
particuliérement, parce qu'Elle connoissoit mieux le
Pays.

La position de l'armée du Roi à Courtrai couvroit
les Lignes depuis la Lys jusqu'à Ypres. Ainsi les ennemis ne pouvoient avoir d'autre vûe que d'attaquer Bergues ou Dunkerque, ou de s'emparer de la Knoque,
& de forcer les Lignes depuis Ypres jusqu'au canal
d'Honscote.

Supposé que les ennemis marchassent à Bergues, ou à
Dunkerque, le Roi exigeoit que M. de Luxembourg
tâchât de les prévenir derrière la rivière d'Yser. Pour cet
effet, & dans la supposition qu'il pourroit soutenir Furnes, Sa Majesté lui avoit proposé d'avancer une tête à
Pollinchoven; mais M. de Luxembourg, ne croiant pas
que des troupes pussent être en sûreté dans Furnes, ne
jugea pas à propos de garder cette place, ni de mettre
du monde à Pollinchoven. Néanmoins comme il pen-
soit qu'il étoit important de se conserver la communication avec Bergues, il avoit fait avancer M. de la Valette à Roesbrugge, & M. de Boufflers à Ypres.

Le Roi sentoit que le grand nombre de cavalerie,
dont son armée étoit composée, ne pourroit agir que
difficilement du côté de la mer, tant à cause de la natu-
re du Pays, que parce qu'on pourroit en emploier utilement une partie sur la Meuse pour y faire une diversion. Il étoit même vraisemblable que cette mesure né-

ces-

cessiteroit le Prince d'Orange à de gros détachemens pour
garantir le Pays des contributions que les troupes Françoises pourroient y établir. Dans cette vûe M. de Bouf-
flers eut ordre de se porter à Namur avec soixante escadrons. Le 3. du mois ils partirent de Courtrai, arriverent
le 4. à Leuse, le 5. à Ville-sur-Haine, le 7. à Trésignies
sur le Piéton, le 8. au Mazy sur l'Orneau, & le 9.
à Namur.

Les troupes, débarquées à Ostende, s'étoient avancées à Nieuport peu de jours après leur débarquement,
& étoient entrées dans Furnes & Dixmude. Elles a-
voient été jointes par quelques autres que le Prince
d'Orange avoit détachées de son armée, & on étoit
incertain si elles attaqueroient la Knoque & la Fintelle,
ou si elles iroient du côté de Dunkerque. Dans la situation où étoient les troupes du Roi, on ne craignoit
pas que les ennemis s'avisassent d'assiéger cette place
(a); mais il dépendoit d'eux de la bombarder, & le
Roi desiroit qu'on prît des mesures pour y mettre obsta-
cle. M. de Maulevrier n'avoit aucune inquiétude du
côté de la mer. Les ouvrages suffisoient pour éloigner
les vaisseaux ennemis; mais leurs troupes pouvoient
s'approcher de la place entre le canal de Furnes & la
mer. Pour s'opposer au bombardement, on proposa d'y
former un camp retranché (b), & de tenir des barques
armées sur le canal de Furnes.

)

M.

(a) Les ennemis ne pouvoient investir Dunkerque, dès-lors que l'inondation auroit été formée, qu'en faisant débarquer des troupes entre cette
place & Gravelines; encore ces troupes n'eussent-elles pû communiquer que
par la mer avec celles qui eussent été du côté de Furnes.
(b) Ce projet fut approuvé. On commença les retranchemens; mais on
ne les acheva pas.

M. de Luxembourg, voiant que le Prince d'Orange
féparoit fes forces, jugea à propos de partager les troupes du Roi, dans le deffein de lui faire tête de tous côtés. Il détacha de l'infanterie & de la cavalerie, à mefure que les Alliés augmenterent le Corps qui étoit à
Furnes, & dans peu de tems il y eut, foit aux Lignes,
foit dans les autres poftes du côté de la mer, trente-fix
bataillons & quarante-huit efcadrons des troupes du Roi.
Depuis le départ de M. de Boufflers, M. le Duc de
Choifeuil commandoit celles campées à Ypres. M. de Luxembourg lui fit tenir, ainfi qu'à M. de la Valette,
à l'un des ordres qu'il eût à fe conduire felon les mouvemens qu'il prévoioit que feroient les ennemis; à l'autre d'envoier un petit détachement de Dragons vers
la Knoque, ne fut-ce que pour y montrer une tête,
en attendant ce qu'on y enverroit d'Ypres. Il fit favoir en même tems à celui-ci que fa principale attention
étoit d'aller à Bergues pour en conferver la communication à Dunkerque par la gauche du canal. Il lui re-
commanda que dès qu'il feroit affûré qu'une groffe tête
paroîtroit à Furnes, il eût foin de marcher avec fes troupes à Bergues; de manière qu'il pût toujours fe conferver la communication de cet endroit à Roefbrugge, &
être même en état de donner du fecours aux retranchemens de Honfcote, ordonnant à deux bataillons, l'un
campé dans ce village, l'autre à la Verterue, de défendre les retranchemens jufqu'à la dernière extrémité, de
concert avec les autres poftes qui y étoient. M. de la Valette devoit auffi commander à ces deux bataillons de
rompre les chemins qui de Furnes & du canal de Loo
ve-

venoient aboutir aux Lignes, & sur-tout celui par où on pouvoit se rendre à la redoute des trois Rois, bâtie à la gauche des retranchemens.

Il fut enjoint à M. de Choiseuil d'envoier M. de la Mothe à Poperinghe avec un Régiment de cavalerie & un de Dragons, d'où il seroit plus à portée d'occuper le poste de Roesbrugge aussi-tôt qu'il auroit été abandonné par M. de la Valette. En cas que les ennemis marchassent à la Knoque, M. le Duc de Choiseuil devoit s'avancer avec une tête & se poster entre l'Yser & le canal de Boesinge pour les empêcher de passer cette rivière. Si les ennemis restoient de l'autre côté & se contentoient de battre le Fort avec leur canon, M. le Duc étoit chargé de tenir des troupes le long du canal, le plus près de la Knoque qu'il seroit possible, & de demeurer entre la rivière d'Yser & le canal de Boesinge, sans songer à passer ni l'une, ni l'autre, s'efforçant simplement de rafraîchir ce Fort. Arrivoit-il que les ennemis attaquassent celui de la Fintelle, il devoit faire des démonstrations pour le soutenir, & non s'y engager entiérement; mais les troupes, qui gardoient ce Fort, devoient se défendre jusqu'à la dernière extrémité. Si le cas échéoit que M. de Choiseuil fût obligé de marcher vers Roesbrugge, il étoit dit qu'il laisseroit toujours quatre bataillons à Ypres, & que supposé qu'il eût ordre de revenir sur la Lys, il devoit se tenir en état de marcher avec l'infanterie à Wervick, ou à Commines, laissant à Ypres deux bataillons avec la cavalerie qui y étoit campée.

Peu de jours après que ces dispositions furent achevées,

vées, les ennemis, aiant fait entrer quantité de troupes
dans Furnes, & s'étant avancés entre cette place &
Dunkerque, M. de la Valette alla camper fous Bergues. Il eut ordre de fe concerter avec M. de Maulevrier pour la fûreté de Dunkerque. En fuppofant que
les ennemis s'approchaffent plus près de cette place, M.
de la Valette devoit envoier M. de Marivaux avec fon
Régiment de cavalerie & trois bataillons fe pofter entre
Bergues & Dunkerque, où il laifferoit devant lui le canal, & recevroit les ordres de M. de Maulevrier. M. de
la Valette devoit encore tenir des partis en campagne
depuis Bergues jufqu'à la redoute des trois Rois, afin
qu'il pût être continuellement informé de ce qui fe paf-
feroit aux retranchemens. M. le Duc de Choifeuil eut
ordre en même tems de pouffer jufqu'à Roefbrugge
avec dix efcadrons de cavalerie & douze de Dragons.
Il lui fut recommandé de détacher des partis de Roefbrugge à Honfcote & à la Fintelle, lefquels lui donneroient promptement avis de ce qui pourroit y arriver.
De plus, il devoit affûrer fa communication avec Bergues par un petit pofte de Dragons qu'il mettroit à
Rexpoede. M. de la Mothe, qui étoit à Popperinghe,
vint camper à Reninghe avec quatre bataillons & un
Régiment de Dragons. Son ordre portoit qu'il tiendroit
toujours des poftes près de la Knoque, & veilleroit à
la confervation du pont & du Sas de Boefinghe. Le refte
de fon infanterie campa fous Ypres, entre Zellebeck &
le Moulin brûlé, aux ordres de MM. de Boiffeleau &
de Caraman.

Tome III.   Q   Tous

Tous ces arrangemens se firent depuis le 3. jusqu'au 13. de Septembre.

Le 16. M. de Luxembourg détacha encore cinq bataillons pour Bergues, afin d'y remplacer les six autres qui avoient marché à Dunkerque sur la nouvelle que les troupes ennemies se préparoient à s'approcher de cette place. Il est vrai qu'elles firent quelques mouvemens, comme si elles avoient eu dessein de la bombarder; mais elles revinrent ensuite à Furnes & à Dixmude; places qu'elles travaillerent à fortifier. Elles formerent un camp à Kaskinskerke près de Dixmude, où elles étoient à portée de protéger leur travail.

Les mouvemens des troupes ennemies, pour se rapprocher de Dixmude, engagerent M. de Luxembourg à changer la disposition de celles du Roi. Il fit revenir M. de Choiseuil & M. de la Valette; le premier entre Ypres & Boesinghe; le second à Roesbrugge. M. de Bezons campa sous Bergues avec quelque cavalerie revenue de Dunkerque, à laquelle M. de la Valette joignit un Régiment de Dragons & un bataillon. Ce Corps étoit destiné à donner du secours aux Lignes depuis Honscote jusqu'à Beveren, tandis que M. de Choiseuil veilleroit depuis Ypres jusqu'à la Knoque, & M. de la Valette depuis Roesbrugge jusqu'à la Fintelle. Celui-ci eut aussi ordre de soutenir les postes de Noorschote, de Reninghe & d'Oost-Uleteren, gardés par M. de la Mothe, lesquels on renforça de huit bataillons & d'un Régiment de Dragons.

Dans ces entrefaites le Prince d'Orange faisoit souvent des détachemens, qui sortoient de son camp le matin,

tin, & qui y revenoient le soir. Cette manœuvre donnoit lieu de croire qu'il avoit dessein d'engager l'armée
du Roi à en faire de pareils, & d'en profiter pour lui
tomber ensuite sur les bras. Mais M. de Luxembourg se
contenta d'éclairer ses démarches, & d'être attentif à rap-
peller les troupes dont il auroit besoin, en même tems
que le Prince d'Orange retireroit les siennes.

Pour s'approcher de l'armée du Roi, il falloit que
les ennemis marchassent sur Thielt, & que de Thielt
ils passassent les branches de la Mandelle à Rousselaer, &
au-dessus. Il étoit encore nécessaire que les troupes, qui
étoient à Kasekinskerke au-delà du canal, marchassent
en-deçà: que de là elles vinssent sur Hooglede; ce qui
faisoit environ deux journées: qu'ensuite ces troupes se
réunissent à la grande armée, & passassent un peu en-
deçà de Rousselaer; ce qui demandoit encore un jour:
& enfin que de là elles prissent leur marche par un Pays
rempli de défilés, derrière lesquels l'armée du Roi les attendoit dans un terrein qu'elle avoit converti en plaine.

Le tems, nécessaire au Prince d'Orange pour rassembler ses forces, pour s'approcher de M. de Luxembourg
& être en état de l'attaquer, donnoit au Maréchal la
certitude de pouvoir être joint par les troupes qui étoient
aux Lignes, avant que celles des Alliés pussent le
combattre.

Pendant les différens mouvemens du Prince d'Orange
du côté de la mer, il avoit détaché cinq bataillons &
douze escadrons sous les ordres du Comte de Castille,
tant pour observer la marche de M. de Boufflers, que

pour

pour affûrer les environs de Louvain & de Bruxelles contre les partis qu'il en avoit à craindre.

M. de Boufflers étoit arrivé à Namur le 9. de Septembre, & y avoit paffé la Meufe le lendemain pour fe porter à Chimey dans le Condroz. Le même jour M. d'Harcourt, qui campoit à Ourteville près de Roumont, entre Marche & Baftoigne, y combattit les ennemis. Il avoit choifi ce camp à deffein d'obferver les démarches des troupes de Juliers & de Cologne, qui, s'étant avancées entre la Meufe & la Mofelle, paroiffoient vouloir pénétrer dans le Luxembourg. Ces troupes, étant parties de Malmedy & de Stavlo, avoient continué leur marche dans l'intention d'attaquer les troupes du Roi. M. d'Harcourt, informé de leurs mouvemens, avoit détaché M. d'Auriac à la tête de trois cens chevaux pour les inquiéter & les obferver. Ses efpions l'aiant affûré que les ennemis avoient paffé la rivière d'Ourte à Honfalize, il ne douta pas qu'ils n'euffent des deffeins fur fon camp; il fe difpofa au combat. Il fit occuper par des Dragons à pied les paffages d'un ruiffeau qu'il avoit devant lui. Les ennemis en firent autant de leur côté, & ne témoignerent aucune envie de le paffer. Ils avoient trente efcadrons; M. d'Harcourt n'en avoit en tout que vingt-quatre. Les ennemis furent quelque tems en préfence des troupes du Roi, fans les attaquer. M. d'Harcourt, foupçonnant que leur infanterie, qui les avoit d'abord fuivis, n'avoit pû faire une fi grande diligence, crut qu'ils ne différoient le combat que pour donner à toutes leurs troupes le tems de les joindre. Il réfolut donc de paffer le ruiffeau & de fondre fur eux. Il donna la droite à mener à M. de Saint-Fremont, & la gauche

ché à M. le Chevalier d'Asfeldt. A la faveur des Dra-
gons qui avoient mis pied à terre, la cavalerie du Roi traversa le ruisseau, & attaqua les ennemis avec tant de valeur, qu'elle les fit plier, sans que le succès de cette action fût balancé un seul moment. Ils furent poursuivis fort loin au-delà du champ de bataille, & perdirent, soit dans le combat, ou dans la retraite, environ six cens hommes, y compris deux cens prisonniers. La perte des troupes du Roi se réduisit à environ cent hommes tués ou blessés. Une partie de la cavalerie des ennemis alla joindre à Huy les troupes de Liége; l'autre se retira dans le Pays de Juliers avec l'infanterie, qui n'avoit eu aucune part au combat.

Cette action facilitoit à M. de Boufflers l'entrée dans le Pays ennemi. Le sentiment de M. de Luxembourg étoit qu'il s'avançât de Namur jusqu'à Munster-Bilsen, afin de pousser des détachemens au-delà du Demer & d'y établir des contributions. Ces courses ne pouvoient manquer d'obliger les Alliés d'envoier des troupes à la défense du Pays; aussi fut-ce le seul moien qu'il crut capable d'opérer une diversion.

M. de Boufflers, aiant été joint par M. d'Harcourt, passa le 20. la Meuse, suivi de quatre-vingt escadrons & de dix bataillons, dont la plus grande partie fut tirée de Namur. Il s'avança à Montenaken, & détacha M. d'Harcourt à Saint-Tron avec quinze cens chevaux. M. d'Harcourt envoia des partis sur le Demer, & même quelques-uns au-delà; mais M. de Boufflers ne jugea pas à propos de s'éloigner davantage de la Mehaigne. Il craignoit que les Généraux Flemming & t'Serclas, qui

Q 3   cam-

campoient à Huy avec quatorze bataillons & trente-deux escadrons, ne fussent joints par le Comte de Castille, qui, après avoir été renforcé par quelque cavalerie des Alliés, s'étoit avancé à Louvain & avoit dessein de marcher à Wavre. Cette jonction eût rendu le retour de M. de Boufflers très difficile, & en effet il avoit prévû ce que projettoient les ennemis. Au reste les détachemens de M. d'Harcourt répandirent tellement l'allarme dans le Pays, que l'on y crut que M. de Boufflers l'avoit suivi. Persuadés de cette vérité, les Généraux Flemming & t' Serclas marchèrent avec leur cavalerie sur la Mehaigne, & s'avancèrent jusqu'à Breffe ou Braive, afin d'être à portée de joindre le Comte de Castille vers les sources des Geetes. M. de Boufflers, attentif à leurs mouvemens, les fit observer par M. d'Auriac avec trois cens chevaux. Aussi-tôt qu'il donna avis de leur marche, M. de Boufflers prit toute sa cavalerie & s'avança pour voir s'ils lui donneroient occasion de les attaquer; mais ils mirent un grand ravin devant eux, & dès qu'ils s'apperçurent que les troupes du Roi les surpassoient en nombre, ils ne balancèrent point à se retirer. M. de Boufflers ne voulut pas les poursuivre, tant parce qu'il n'avoit point son infanterie, que parce qu'il se doutoit que celle des ennemis les avoit suivis, ou ne tarderoit pas à les joindre. Il campa le 28. à Boneff, retourna le lendemain à Namur, & y passa la Meuse. Il s'avança ensuite à Chimey pour observer les ennemis & couvrir la frontière.

Pendant que M. de Boufflers mettoit à contribution tout le Pays entre le Jaar, le Demer & la Geete, le Prince d'Orange menaçoit d'attaquer la Knoque & la

Fin-

Fintelle. Ces deux Forts étoient en si mauvais état, que les ennemis pouvoient les réduire en poussière à coups de canon. Ils s'en approcherent pendant plusieurs jours consécutifs pour les reconnoître, & donnerent par là sujet de croire qu'ils essayeroient de s'en rendre maîtres.

La situation du Pays, dans lequel la prise de la Knoque & de la Fintelle eût donné entrée aux ennemis, étoit telle, qu'en conservant les postes de Noorschote, de Reninghe & d'Oost-Uleteren qui bordoient les prairies parallélement à l'Yser, on pouvoit aisément les empêcher d'y pénétrer. On n'avoit qu'à y tracer, à un quart de lieuë en arrière de cette rivière, un nouveau retranchement depuis Elsendam jusqu'au canal de Boesinghe, lequel auroit mis à couvert ces villages, & le Pays qui étoit sous la domination du Roi.

Pour soutenir ces postes & les Lignes contre les entreprises qu'on pouvoit faire pendant l'hyver pour les forcer, il étoit nécessaire de disposer les troupes du Roi de façon à pouvoir les rassembler au-plûtôt, & en assez grand nombre pour faire tête aux ennemis. Il falloit en même tems pourvoir à la subsistance des troupes, & consulter la commodité des peuples. M. de Chevilly, Commandant à Ypres, avoit dressé là-dessus un Mémoire qui avoit été approuvé par M. de Luxembourg, & agréé par le Roi. Le voici.

ME-

MEMOIRE DE M. DE CHEVILLY.

Les ennemis ne peuvent faire fortir, depuis Gand jufqu'à Furnes, que peu de cavalerie & trente batail-lons; favoir:

	Bataillons.
DE GAND.	12.
DE BRUGES.	8.
D'OSTENDE.	2.
DE NIEUPORT.	2.
DE DIXMUDE.	3.
DE FURNES.	3.

Total, 30. Bataillons.

Il faut à ces troupes, pour fe raffembler, le double de tems qu'à celles du Roi.

Pour raffembler trente - neuf bataillons & demi, & vingt-quatre efcadrons.

	Troupes à loger dans les Places & le plat Pays.		Troupes à tirer.		Troupes qui doivent refter dans les Places & en certains poftes.
	Batail-lons.	Compa-gnies de Dragons.	Batail-lons.	Compa-gnies de Dragons.	Bataillons.
Ces deux places peuvent être ren-forcées d'un ba- DUNKERQUE.	9.		6.		3.
Dragons.		12.		12.	
BERGUES.	6.		4.		2.

Dra-

Troupes à loger dans les Places & le plat Pays.		Troupes à tirer.		Troupes qui doivent rester dans les Places & en certains postes. Bataillons.	1692. SEPTEMBRE.
Bataillons.	Compagnies de Dragons.	Bataillons.	Compagnies de Dragons.		
Dragons.		10.		10.		...taillon de Saint-O-mer & d'un de Graveli-nes.
HONSCOTE.	4.		3.		1. à l'Eglise.	
BEVEREN, & le Château entou-ré de fossés.	1.		1.			
ROESBRUGGE.	1.		1.			
Dragons.		2.		2.		
STAVELE & CROMBEEKE.	1.		1.			
ABBAYE D'E-VERSEM, fer-mée de fossés; poste de consé-quence.	1.		1. excepté.		50. hommes.	
OOST-ULETE-REN.	demi.					
RENINGHE.	demi.					
NOORSCHOTE.	demi.					
ZUYTSCHOTE.	demi.		3. & demi.			
BOESINGHE.	demi.					
ILVERDINGEN.	demi.					
VLAMERDINGE.	demi.					
POPERINGHE.	3.		3.			
Dragons.		2.		2.		
BAILLEUL.						
Dragons.		6.		6.		

Tome III.   R   WAR-

1692. SEPTEM- BRE.	Troupes à loger dans les Places & le plat Pays.		Troupes à tirer.		Troupes qui doivent rester dans les Places & en certains postes.
	Bataillons.	Compagnies de Dragons.	Bataillons.	Compagnies de Dragons.	Bataillons.
Warneton.	demi.		demi.		
Dragons.		2.		2.	
Ypres.	10.		6.		4.
Dragons.		12.		12.	
Commines.	2.		1. & demi.		demi.
Dragons.		2.		2.	
La partie de Werwick, couverte de la Lys, & le Château de					
Bousbeeck.	1.		1.		
Menin.	6.		3.		3.
Cavalerie.		13.		13.	
Courtray.	8.		4.		4.
Cavalerie.		13.		13.	

Total des troupes à loger dans les Places & le plat Pays.	Total des troupes à tirer des Places & du plat Pays.	Total des troupes qui doivent rester dans les Places.
Bataillons. 57. Compagnies de Cavalerie & de Dragons. 78.	Bataillons 39. & demi. Compagnies de Cavalerie & de Dragons. 78.	Bataillons. 17. & demi.

Les ennemis, continuant à fortifier Furnes & Dixmude pour les garnir de troupes pendant l'hyver, M. de Luxembourg fit aussi rétablir Courtray. Cette place fut bien-tôt en état de recevoir garnison; on y mit huit bataillons & un Régiment de Dragons.

Le

Le but du Prince d'Orange, en occupant Furnes & Dixmude, étoit de perſuader aux Alliés qu'il bloquoit Dunkerque, & qu'il s'en rendroit maître au commencement de la campagne ſuivante. Il eſperoit par-là réſoudre les Anglois à de plus grands efforts pour ſoutenir la guerre.

Malgré les renforts venus d'Angleterre, M. de Luxembourg avoit fait échouer par ſon activité & ſa prévoiance tous les projets que ce Prince avoit formés contre le Pays & les places ſous la domination du Roi. L'avantage d'occuper Furnes & Dixmude n'étoit pas capable de compenſer les pertes qu'il avoit faites; mais les obſtacles, qu'il rencontroit de tous côtés, l'aiant détourné de toute entrepriſe, il ſongea à mettre de bonne heure les troupes des Alliés en quartier d'hyver. Comme il ſe propoſoit de faire de nouvelles levées en Hollande & dans l'Empire, & d'agir la campagne ſuivante avec des forces plus nombreuſes, il étoit néceſſaire qu'il ſe hâtât à prendre ſes meſures. Dans cette vûe il partit le 26. de Septembre pour retourner en Hollande, afin d'y régler l'état de la guerre. Il devoit enſuite repaſſer en Angleterre, & travailler à obtenir les ſubſides extraordinaires dont il avoit beſoin.

Tout annonçoit de la part des ennemis que leur armée ſe ſépareroit bientôt. Les quinze bataillons, venus d'Angleterre, devoient inceſſamment repaſſer la mer. Ils campoient à Kaſekinskerke, où, avec les troupes, que le Prince d'Orange y avoit envoiées, ils formoient un Corps de vingt-ſept bataillons & d'environ quatre mille chevaux. Le 28. l'Electeur de Bavière avoit fait

R 2   tranſ-

transporter à Gand la plus grande partie de son artillerie & de ses bagages. Le lendemain toute la cavalerie des Alliés avoit passé l'Escaut à Gavre, & s'étoit cantonnée entre cette rivière & la Dendre. Leur infanterie s'étoit mise en même tems en marche pour Dronghen près de Gand, & n'attendoit que la séparation de l'armée du Roi pour prendre ses quartiers d'hyver.

En cas que les Alliés eussent dessein de se séparer promptement, le Roi étoit d'avis qu'on en profitât pour reprendre Furnes; mais le camp qu'ils occupoient à Kasekinskerke, & la facilité avec laquelle toute leur armée pouvoit se rassembler & marcher au secours de cette place, rendoient l'entreprise impossible. Cependant le Roi, qui souhaitoit que la campagne se terminât de manière à donner de la réputation à ses armes, résolut le bombardement de Charleroy & la ruine de la basse ville, afin d'empêcher les ennemis d'y mettre des troupes.

Depuis l'échec, qu'eut à essuyer la flotte de France dans la Manche, les ennemis avoient menacé de bombarder Dunkerque & d'insulter les côtes; le Roi voulut leur faire connoître qu'il étoit en état d'user de représailles. La destruction de la basse ville de Charleroy devoit leur ôter le moien de tenir une forte garnison dans cette place, & assurer la tranquillité du Hainaut contre leurs incursions; ce fut l'objet que l'on se proposa dans cette entreprise. Le Roi, aiant prévû qu'on pourroit exécuter la chose à la fin de la campagne, avoit donné ordre dès le mois de Juillet de pourvoir les places du Hainaut des munitions & des subsistances dont on pourroit avoir besoin pour cette expédition.

M.

M. de Boufflers devoit l'éxécuter avec les mêmes troupes qui l'avoient fuivi au-delà de la Mehaigne. Sa Majefté jugeoit encore à propos que M. de Luxembourg
y ajoutât dix bataillons, & qu'il fe poftât de telle manière qu'il pût promptement donner du fecours aux
Lignes & à M. de Boufflers. Elle defiroit auffi que pour
épargner fa frontière, l'armée prît fes quartiers de fourrage entre Tournai & la Haine.

Pour répondre aux defirs du Roi, M. de Luxembourg comptoit laiffer, depuis la Lys jufqu'à Bergues,
aux ordres de M. de Maulevrier & de M. de la Valette,
la plus grande partie des troupes qu'il avoit détachées
de fon armée, afin d'obferver celles qui étoient à Kaf-
kinskerke, & l'infanterie qui campoit fous Gand.

M. de Rofen devoit être chargé de veiller avec quatorze bataillons & vingt-fix efcadrons à la fûreté des
Lignes qui s'étendoient depuis l'Efcaut jufqu'à la Lys.
Ces troupes furent placées en différens endroits, où elles pouvoient fubfifter plus commodément. On mit fix
bataillons & dix-huit efcadrons à Lauwe & Reckem,
huit bataillons à Efpierre, & huit efcadrons à Dottignies. De plus on laiffa à Commines quatre bataillons à
la difpofition de M. de Rofen & de M. de Maulevrier,
qui devoient fe concerter & fe fecourir mutuellement
felon les mouvemens des ennemis.

M. de Luxembourg fe propofoit de donner toute fon
attention à protéger le bombardement. Il prit la réfo-
lution de cantonner fon armée depuis Anthoin jufqu'auprès de Mons, & de jetter dans les villages de la Châtellenie d'Ath autant de troupes qu'il lui feroit poffible,

R 3   fans

1692.
SEPTEM-
BRE.

sans négliger la sûreté de ses quartiers. Le 27. Septembre M. le Chevalier de Gassion, Maréchal-de-Camp, eut ordre de se porter avec seize escadrons de cavalerie & quatre de Dragons au grand & au petit Quevy, où il étoit à portée de joindre promptement M. de Boufflers, & d'observer les mouvemens du Comte de Castille.

OCTO-
BRE.

Le 3. d'Octobre toute la première ligne de l'aîle droite de cavalerie, la réserve & les Brigades de Champagne & du Roi se mirent en marche, & passerent l'Escaut sous les ordres de M. le Duc de Villeroy. Ces troupes allerent camper à Pottes, & marcherent le 4. à Thieulain près de Leeuse, où elles séjournerent jusqu'à ce que l'armée pût entrer dans les quartiers de fourrage qu'elle devoit prendre. Le 5. l'aîle gauche de cavalerie, conduite par M. le Duc du Maine, s'en fut camper à Escanaffe. La marche de ces dernières troupes avoit été précédée de celle d'une partie de l'infanterie, qui s'étoit rendue la veille à Herines, sous le commandement de M. le Prince de Soubise, & qui ce jour-là devoit aller camper à Pipiers pour être à portée de joindre M. le Duc de Villeroy. Le 6. M. de Luxembourg partit de Courtray avec la deuxième ligne de l'aîle droite, & avec ce qui lui restoit d'infanterie. Il leur fit passer l'Escaut le même jour, & le 8. toute l'armée entra dans ses quartiers de cantonnement, & occupa les villages, dont suit l'état.

E-

Etat des Villages de la Châtellenie d'Ath, où 1692. *les troupes de l'armée de Flandre prirent* OCTOBRE. *leurs quartiers de fourrage.*

Quartiers qui étoient en première ligne.

Ils prenoient le pain qui venoit par eau de Condé à Douvrain. { A Baudour, quatre efcadrons de Dragons-Dauphins, deux bataillons de la Couronne & celui de Maulevrier.

Idem. { A Douvrain, quatre efcadrons de Barbeziers, le bataillon de Perry & celui d'Aunis.

Au Pont-à-Haine. { A Hautrage, quatre efcadrons de Dragons du Roi, trois bataillons de Piémont & celui de Vermandois.

Idem. { A Ville & Pomereuil, fix efcadrons des Gardes du Roi; c'eft-à-dire deux de Noailles, deux de Duras & deux de Lorges, outre deux bataillons de Champagne.

Idem. { A Harchies & Preaux, deux efcadrons de Gendarmes, deux de Chevaux-Legers de la Garde, & le troifième bataillon de Champagne.

Idem. { A Berniffart, deux efcadrons des Gardes du Roi; favoir ceux de Luxembourg, & le bataillon de Roïal Italien.

Ils prenoient le pain aux caiffons à Bafècles. { A Eftambrugge, quatre efcadrons du Roi, cavalerie, & le bataillon de Roïal-Comtois. A.

Ils prenoient le pain à Pont-à-Haine.
A Grandglife, quatre efcadrons de Dau-phin-Etranger & le fecond de Tou-loufe.

Ils prenoient le pain à Bafecles.
A Quevaucamp, quatre efcadrons d'Ime-court, & le premier bataillon de Tou-loufe.

Ils prenoient le pain à Pont-à-Haine.
A Blaton, quatre efcadrons de Bourgo-gne, & deux d'Orléans, avec le pre-mier & le troifième bataillon du Roi.

Ils prenoient le pain à leurs quartiers.
A Bafecles, deux efcadrons de Villeroy & de Berry, avec le fecond & le qua-trième bataillon du Roi.

Ils prenoient le pain à Bafecles.
A Wadelencour, deux efcadrons de la Feuillade, & le troifième bataillon des Vaiffeaux.

Idem.
A Ramilly, deux efcadrons de Chartres, & le fecond bataillon des Vaiffeaux.

Idem.
A Thumaïde, quatre efcadrons de Mau-revert, & le premier bataillon des Vaiffeaux.

Idem.
A Raucourt, quatre efcadrons de Bezons.

Ils prenoient le pain à leurs quartiers.
A Ellignies-Sainte-Anne, deux efcadrons de Gendarmerie, & trois bataillons des Gardes.

Ils prenoient le pain à Ellignies.
A Aubbechies, deux efcadrons de Gen-darmerie, & un bataillon des Gardes.

Idem.
A Bliquy, deux efcadrons de Gendar-merie, & deux bataillons des Gardes.

Idem.
A Tourpe, deux efcadrons de Gendar-merie, & un bataillon des Gardes.

A

Ils prenoient le pain à Basecles. { A Bury, deux escadrons de Roïal-Piémont, & le premier bataillon de Provence.

Idem. { A Braffe, quatre escadrons de Saint-Simon, & le second bataillon de Provence.

Idem. { A Briffeuil, deux escadrons de Villequier, & le bataillon de Perigord.

Ils prenoient le pain aux batteaux d'Anthoin. { A Baugnies, deux escadrons de Furstemberg, & le bataillon de Hainaut.

Idem. { A Gaurin & Ramecroix, deux escadrons de Rohan, deux de Praslin, trois de Rottembourg & quatre du Mestre-de-Camp.

Quartiers, qui étoient en seconde ligne.

Ils prenoient le pain qui venoit par eau de Condé à Hergnies. { A Macou, vieux Condé, Hergnies & Rengies, quatre escadrons de Roïal-Roussillon, quatre de Clermont & autant de Rassent.

Ils prenoient le pain à Mortagne. { A Carnelle, Mortagne, en-deçà de l'Escaut, & Braffemenil, quatre escadrons de Pracontal, quatre de la Valliere & quatre de Bissy.

Idem. { A Pieronne & Maubray, quatre escadrons de Roquepine & quatre de Nassau.

Ils prenoient le pain
à Anthoin.
{ A Vezon, Vezoncelle, Wames, Bouch-
nies, Lignes & Ghusignies, deux
escadrons de Bourbon, trois de Roïal-
Allemand & quatre de Lévy.

Idem.
{ A Wihlere, quatre escadrons de Belle-
garde, quatre de Noailles-Duc, deux
du Maine & quatre des Cravattes.

Ils prenoient du pain
à Basecles.
{ A Peruwez, quartier général, un escadron des Grénadiers du Roi.

Ordre, que les troupes devoient observer dans leurs quartiers, tant pour leur sûreté que pour leur subsistance.

L'armée, étant cantonnée dans la Châtellenie d'Ath, eut sa droite à Baudour près de la Haine, & occupoit les villages de Douvrain, Hautrage, Ville & Pomereuil, Estambrugge, Quevaucamp, Bliquy, Tourpe, Braffe, Baugnies, Gaurin, Ramecroix & Vaulx sur l'Escaut, où finissoit la gauche.

Les quartiers de Baudour, Douvrain, Hautrage, Pomereuil, Harchies & Bernissart, lesquels avoient à leur tête une chaîne de bois, eurent soin de la garnir de postes d'infanterie, qui se communiquoient les uns aux autres, afin d'assurer les chemins de l'un à l'autre quartier. Outre cela, le village de Hautrage garnissoit le chemin qui va à Grandglise, Harchies & Bernissart, ainsi que les chemins qui menent à Blaton & à Peruwez.

Es-

Eſtambrugge, Grandgliſe, Blaton & Quevaucamp garniſſoient les bois de leur côté depuis Blaton, paſſant par Grandgliſe, juſqu'à Bellœil. Ceux de Baſecles, Wadelencour, Ramilly & Thumaïde mettoient des poſtes à Bellœil, & aſſûroient les bois de ce côté-là. Ils envoioient ſoixante hommes dans le château de Moulbay, leſquels avoient ordre de rompre les ponts ſur le ruiſſeau juſqu'à Lignes.

Les Gardes Françoiſes & Suiſſes, qui étoient aux villages d'Ellignies, Tourpe, Bliquy & Aubechies, envoierent trois cens hommes pour la garde du quartier général à Peruwez. Ils placerent auſſi une garde au pont de la Catoire, une autre à celui d'Andricourt, & une troiſième au parc des caiſſons à Ellignies.

Les quartiers de Bury, Braffe, Briffeuil & Baugnies établirent un poſte à Villaupuis, un autre à Bary, & garnirent le bois juſqu'à Gaurin & Ramecroix, pour fermer l'enceinte au ruiſſeau qui tombe dans l'Eſcaut à Tournay.

Outre ces poſtes d'infanterie, ceux, qui commandoient dans les quartiers, eurent ordre de poſer des gardes de cavalerie dans les endroits où ils les crurent néceſſaires. Tous les poſtes d'infanterie & les gardes de cavalerie devoient empêcher les marandeurs de paſſer. A la nuit les poſtes & les gardes, qui n'étoient pas dans des lieux fermés, ſe retiroient à l'entrée de leurs quartiers, détachant des partis au quartier de leur droite & à celui de leur gauche.

Il y eut dans chacun un poſte pour veiller à ſa ſûreté. On poſa une ſentinelle au haut du clocher pen-

dant

dant le jour & la nuit. En cas que quelque quartier fût attaqué, elle devoit le jour en donner un signal au haut du clocher par une fumée, & la nuit avec du feu, afin que les quartiers voisins se secourussent & fussent sur leurs gardes; signal que chaque quartier étoit obligé de repeter, aussitôt après s'en être apperçu. Trois cens cinquante chevaux & cent cinquante Dragons furent commandés chaque jour pour se trouver à la tête du village de Bliquy, où ils étoient postés aux endroits nécessaires pour la sûreté des quartiers.

S'il arrivoit que l'armée fût obligée de prendre un champ de bataille, toute l'aîle gauche avoit ordre de se rendre à hauteur du vieux Leeuse & de Tourpe. Elle devoit s'étendre jusqu'à Thumaïde; l'infanterie depuis Thumaïde jusqu'auprès de Quevaucamp; & l'aîle droite depuis Quevaucamp jusqu'à Blaton & Grandglise.

Les postes de Hautrage, de Douvrain & de Baudour devoient se seconder mutuellement en cas d'allarme.

Il y eut défense de rompre & de découvrir les maisons, d'enlever aux paysans, ni meubles, ni bestiaux, encore moins de les troubler dans leur travail ordinaire, étant considérés comme sujets du Roi.

Il fut pareillement défendu d'envoier au fourrage, & si par hazard quelque quartier venoit à en manquer, il étoit tenu d'en avertir, afin qu'on lui indiquât les endroits où on lui permettroit d'en prendre.

Les quartiers, qui formoient la première enceinte, furent cantonnés autour du gros du village; avec défense expresse de se séparer dans les censes écartées.

On défendit encore de loger dans les châteaux, & on

on régla que tous les fourrages, qui s'y trouveroient, seroient distribués aux quartiers auxquels ils appartenoient.

Pour éviter toutes disputes dans les quartiers, on ordonna aux Majors de faire huit lots pour un bataillon & pour un escadron, & que de ces huit lots ils en donneroient cinq à l'escadron, & trois au bataillon.

M. de Rebé & M. de Genlis furent chargés du soin de placer les postes, depuis Baudour jusqu'à Berniffart; M. de Polaftron depuis Blaton tout le long des bois, paffant par Bellœil & Lignes, jusqu'à Leeufe; M. le Duc du Maine & M. de Montrevel depuis Villaupuis jusqu'à Vaux.

Dès que l'armée entra dans ses quartiers, plufieurs détachemens allerent à la guerre pour être informés des mouvemens de l'ennemi. M. le Chevalier de Nefle fut détaché pour Ninove avec trois cens chevaux, & M. de Cheladet avec quatre cens vers Enghien. L'un & l'autre devoient y refter plufieurs jours, & difperfer de petits partis de différens côtés pour apprendre des nouvelles des Alliés & épier leurs démarches.

Les troupes, que les ennemis avoient à Gavre & près de Gand, y étoient encore le 10. Elles y refterent jufqu'au 14., jour auquel leur infanterie partit de Dronghen pour aller vers Aloft. Auffitôt M. de Belveze, Lieutenant-Colonel, fut détaché avec trois cens chevaux, à deffein d'obferver fa marche, & de favoir fi elle s'arrêteroit fur la Dendre.

Les Anglois, aiant quitté le camp de Kafekinskerke,

S 3

s'és'étoient embarqués le 12. Le Comte d'Horn avoit fait camper trois mille hommes sous Dixmude, & il y avoit toujours beaucoup d'infanterie à Bruges & dans les environs. Pendant ce tems-là, le Comte de Castille se tenoit à Wavre sur la Dyle, tandis que les Généraux Flemming & t' Serclas séjournoient près de Huy. D'un autre côté M. de Boufflers campoit à Chimey pour s'opposer aux détachemens qu'ils auroient pû faire contre la frontière. Dans cette position il étoit aussi à portée de secourir M. d'Harcourt, qui s'étoit avancé près de Luxembourg, où il observoit les troupes qu'il avoit combattues, & qui avoient fait quelques mouvemens de ce côté-là. M. de Boufflers croioit qu'il seroit obligé d'y faire marcher une partie de sa cavalerie; & comme il eût été dangereux de s'affoiblir pendant que les Généraux Flemming & t' Serclas pouvoient l'attaquer, il fit venir à Beaumont les vingt escadrons commandés par M. de Gassion, lesquels étoient destinés à le joindre.

Telle étoit la disposition des troupes Françoises & de celles des Alliés sur la frontière, pendant qu'on faisoit les préparatifs du bombardement de Charleroy.

Le secret de cette entreprise avoit été divulgué avant que M. de Boufflers eût fait aucun mouvement pour s'approcher de cette place. Cet inconvénient n'empêcha pas d'exécuter le projet.

Le 15. du mois d'Octobre M. de Boufflers arriva devant la place avec dix bataillons & quatre-vingt escadrons; il y fut joint par onze bataillons que lui envoia M. de Luxembourg. Toutes ces troupes furent postées depuis le village de Couillet jusqu'au Mont-sur-Marchienne. On

aavoit chargé à Namur & à Maubeuge l'artillerie & les munitions, dont le transport devoit se faire par eau. Il est vrai que les ennemis auroient pû interrompre par des détachemens la navigation depuis Namur jusqu'à Chastelet; mais ils ne chercherent point à la troubler.

La marche de M. de Boufflers, pour s'approcher de Charleroy, faisoit craindre à l'Electeur de Bavière qu'on n'en formât le siége. Cette crainte le décida à faire marcher les troupes des Alliés à Bruxelles, & à dépêcher plusieurs couriers au Prince d'Orange pour l'engager à venir prendre le commandement de l'armée. Les Généraux Flemming & t' Serclas s'étoient avancés à Hannuye, & M. de Boufflers avoit avis qu'ils devoient être joints par le Comte de Castille & marcher conjointement à Genappe.

Pour empêcher que l'Electeur de Bavière ne troublât le bombardement de Charleroy, le Roi avoit proposé à M. de Luxembourg d'envoier un Corps du côté de Fontaine l'Evêque, afin de resserrer la place, & de faire avec ses troupes un mouvement vers Nivelle, le Rœux, ou Soignies. Sa Majesté desiroit aussi qu'on pût battre le Comte de Castille & les Généraux Flemming & t' Serclas, s'ils venoient seuls au secours de Charleroy; mais en cas qu'ils joignissent l'Electeur de Bavière, Elle s'en remettoit à la prudence de M. de Luxembourg, à condition néanmoins qu'il évitât de se commettre à un évenement.

Les fourrages, depuis Soignies jusqu'à Nivelle, avoient été consommés pendant le séjour des armées dans cette étendue de Pays. La disette ne permettoit pas à M. Luxembourg de s'y arrêter.   S'il

S'il arrivoit que l'Electeur de Bavière s'avançât, sans attendre le Comte de Castille & les Généraux Flemming & t' Serclas, M. de Luxembourg avoit résolu de se faire joindre par l'infanterie qui étoit à Espierre, & par toute la cavalerie des Lignes, à l'exception de seize escadrons, qui y resteroient sous les ordres de M. de Vatteville, avec les six bataillons qui garnissoient les postes de Lauwe & de Reckem. Cette jonction eût rendu l'armée du Roi capable de faire tête à l'Electeur.

Supposé que les autres Généraux des Alliés eussent entrepris d'agir séparément, M. de Luxembourg auroit cherché l'occasion de les combattre. Supposé au contraire qu'ils eussent mieux aimé joindre l'Electeur de Bavière avant que de s'avancer, il se fût étudié à protéger la retraite de M. de Boufflers.

Pendant qu'on étoit incertain sur le parti que prendroient les ennemis, on commença l'attaque de la basse ville de Charleroy. La tranchée fut ouverte la nuit du 17. au 18., & on travailla à établir deux batteries de canon, l'une de douze, l'autre de huit piéces. On éleva en même tems deux autres batteries de mortiers, de douze, & de quatre, qui tirerent le 19. & continuerent le 20 & le 21.

Avant l'arrivée des troupes devant Charleroy, on s'étoit flatté de se rendre maître de la basse ville; mais l'inondation empêcha de l'attaquer. On se contenta d'y jetter deux mille cinq cens bombes, qui embraserent quantité de maisons, & mirent le feu à plusieurs magasins de fourrage.

Le 22. l'artillerie & les bagages commencerent à défi-

filer, & M. de Boufflers se retira le 23. Il se transporta
d'abord à Gerpines, d'où il marcha le 25. à Valcourt.

Sur la nouvelle qu'on attaquoit Charleroy, le Prince
d'Orange étoit revenu à Bruxelles le 18. Il avoit résolu
de tout risquer pour sauver cette place si on en formoit
le siége; mais il en comptoit le bombardement pour
si peu de chose, qu'il ne voulut pas se donner la peine
de le troubler. Dès le 20. du mois il reprit la route de
Hollande.

On avoit donné des projets, où il étoit question de tenir Charleroy bloqué pendant l'hyver. Ils ne furent point
goutés; aussi y avoit-il du danger à les suivre. Il eût
été facile aux ennemis de rassembler promptement
des troupes qu'ils auroient tirées des grosses villes du
Brabant, & qui auroient pû battre en détail les quartiers qui auroient formé le blocus.

Le Comte de Castille avoit marché à Bruxelles lors
même que les troupes Françoises s'étoient approchées de
Charleroy; mais les Généraux Flemming & t'Serclas
étoient restés à Hannuye. Cependant sur des avis qu'a-
voit eus M. de Boufflers qu'ils s'étoient avancés à Per-
wez, & qu'après avoir joint l'Electeur de Bavière près
de Genappe, ils devoient marcher ensemble sur Charleroy, M. le Duc de Villeroy, qui avec les troupes, qui
étoient dans les quartiers de la droite, devoit donner du
secours à M. de Boufflers & protéger sa retraite, s'étoit
mis en marche la nuit du 21. au 22. pour Bussiere
à la tête de huit bataillons & de quarante escadrons.

En même tems M. de Luxembourg avoit fait partir
la Maison du Roi & trois Régimens de Dragons, qui

allerent camper au grand Quevy. Comme toutes ces troupes occupoient les quartiers de la droite, celles, qui étoient reparties dans les quartiers de la gauche du côté de l'Escaut, s'étoient approchées de la Haine.

Ces mouvemens, auxquels de faux avis avoient donné lieu, n'eurent aucune suite. Les ennemis ne différoient à se séparer que pour faire passer un gros convoi à Charleroy. Ils assemblerent à Bruxelles une grande quantité de chariots, que le Comte d'Athlone conduisit dans la place quelques jours après que M. de Boufflers se fut retiré. Enfin les Alliés, après avoir pourvû Charleroy, se séparerent & envoierent beaucoup de troupes à Liége, à Maestricht & dans les environs. Ils munirent aussi de grosses garnisons Louvain, Malines & Bruxelles.

Le Roi aiant ordonné de séparer les troupes & de les envoier dans leurs garnisons dès lors que M. de Boufflers auroit exécuté le bombardement de Charleroy, elles défilerent peu de jours après. Celles, qui devoient hyverner du côté de la mer, étoient restées aux Lignes; elles furent distribuées dans les places, selon l'état que M. de Chevilly avoit fait tenir à la Cour, & auquel on ne fit de changement que pour soulager le Pays, qui auroit été surchargé par une si grande quantité de monde.

Du côté de la Sambre, on occupa Thuin & le château de la Buffiere. On travailla à mettre Chastelet en état de recevoir garnison, & on se logea à Beaumont, à Valcourt & dans les châteaux circonvoisins, afin d'empêcher les courses de la garnison de Charleroy dans le Hainaut.

M. de Luxembourg étant retourné à la Cour, M. de Boufflers eut le commandement de toutes les troupes depuis la Meuse jusqu'à la mer.

Le Roi avoit dessein que l'on reprît Furnes & Dixmude pendant l'hyver, afin d'assûrer cette partie de la frontière contre les entreprises des ennemis. Il avoit été impossible d'exécuter ce projet pendant que les armées étoient en campagne; on crut devoir profiter de l'hyver pour s'emparer de ces deux places.

Pour cacher d'autant mieux ce dessein, M. de Guiscard eut
or-

1692.
OCTO-
BRE.

DECEM
BRE.

1693.
JAN-
VIER.

ordre d'affembler à Namur un Corps confidérable de troupes, & de s'avancer du côté de Huy. Ce mouvement avoit pour objet d'attirer toute l'attention des ennemis fur la Meufe & d'y retenir leurs troupes. M. de Guifcard partit de Namur el 26. Décembre à l'entrée de la nuit, & arriva le lendemain devant Huy. Il inveftit la place, & après s'être conduit pendant vingt-quatre-heures de manière à perfuader aux ennemis qu'il alloit en former le fiége, il fe retira.

M. de Boufflers ordonna en même tems à M. de Villars, qui commandoit à Tournay, d'y affembler feize bataillons & quarante efcadrons, avec lefquels il s'avanceroit à Courtray, pendant qu'il feroit marcher quelque cavalerie fur la Dendre pour inquiéter les ennemis.

Le but de tous ces mouvemens étant d'empêcher les troupes, que les Alliés avoient dans le Brabant & fur la Meufe, de marcher au fecours de Furnes. M. de la Valette inveftit cette place avec quarante-huit bataillons & cinquante efcadrons. Ces troupes avoient leurs quartiers d'hyver, les unes en Flandre depuis la Lys jufqu'à la mer, les autres dans l'Artois & dans le Boulonnois. La plus grande partie arriva devant Furnes le 28. Décembre. M. de Boufflers s'y rendit le même jour, & prit fon quartier à Ooft-Dunkerque, entre cette place & Nieuport. Le lendemain on s'empara d'une redoute, appellée la redoute de *Vulpen*, & on emploia les jours fuivans à établir les communications des quartiers, à occuper les différens poftes par où l'Electeur de Bavière pouvoit fecourir la place, & à faire venir l'artillerie, les munitions & les pionniers dont on avoit befoin.

L'Electeur de Bavière étoit arrivé le 2. de Janvier à Nieuport, où fe trouverent des détachemens, qu'il avoit tirés d'Aloft, de Dendermonde, de Gand, de Bruges & d'autres villes voifines de la mer. Ces mouvemens avoient engagé M. de Boufflers à mander M. de Villars devant Furnes avec douze bataillons & trente-deux efcadrons, en lui ordonnant de laiffer à M. de Vendeuil fur la Lys quatre bataillons & huit efcadrons pour affûrer les Lignes. L'Electeur de Bavière, convaincu qu'il étoit impoffible

T 2   de

1693. JAN-VIER. de fecourir la place, renvoia fes troupes dans leurs garnifons.

Les pluies avoient rendu pendant quelques jours les chemins impraticables; de forte qu'on s'étoit vû obligé de différer les attaques. Cependant le 5. Janvier la tranchée fut ouverte du côté des Dunes, & près du canal qui va de Dunkerque à Furnes. Le 6. au foir le Comte d'Horn, qui commandoit dans la place, demanda à capituler. La garnifon, forte d'environ deux mille cinq cens hommes, en fortit le lendemain avec tous les honneurs de la guerre, & fut conduite à Nieuport.

Furnes prife, les ennemis ne pouvoient guères conferver Dixmude. M. de Boufflers apprit qu'ils l'avoient abandonné deux jours après que Furnes eut capitulé. Le 10. il y envoia un détachement, & après avoir pourvû à la fûreté de ces deux places, il fépara fon armée. Il en fit marcher une partie fous Dunkerque, l'autre fur la Lys, & le 12. toutes les troupes retournerent dans leurs garnifons, où elles reftèrent tranquilles jufqu'à l'ouverture de la campagne fuivante.

FIN du troifième Tome.

ME-

www.ingramcontent.com/pod-product-compliance
Lightning Source LLC
Chambersburg PA
CBHW072109090426
42739CB00012B/2904